DUALAR
və
BƏYAN ETMƏLƏR

Bütün ayələr Müqəddəs Kitabın Azərbaycan dilinə tərcüməsindən götürülmüşdür.

Originally published in English under the title: **PRAYERS AND PROCLAMATIONS,** copyright © **1990** by Derek Prince Ministries–International. All rights reserved.

Published by permission in the **Azeri** language.

Copyright © 2016 Derek Prince Ministries–International.

B110AZE1k

Derek Prince Ministries
P.O. Box 19501
Charlotte, NC 28219
USA
www.derekprince.com

DUALAR VƏ BƏYAN ETMƏLƏR
Derek Prins

Bakı 2016

Naşirin yazılı icazəsi olmadan, bu kitabın heç bir hissəsi hər hansı bir yolla (elektron və ya çap olunmuş formada – surəti, audio yazısı, istənilən informasiya daşıyıcısı və ya digər yayım vasitəsi ilə) dərc edilə bilməz və ya heç bir formada ötürülə bilməz.

ISBN: 978-1-78263-409-6

Mündəricat

Allahın Kəlamını bəyan edin

1. Kəlamını bəyan edin — 7
2. Bəyan etmək nədir — 9
3. Sözü necə qat-qat gücləndirmək olar — 11
4. Musanın əsası — 13
5. Allahın Kəlamından möhkəm tutmaq — 15
6. Birlikdə: Kəlam və Ruh — 19
7. Allahın Kəlamı qarşısında titrəməyi öyrənmək — 23
8. Allahın mühakiməsini yerinə yetirmək — 27
9. Səlahiyyətin tətbiqi — 29
10. Mənfi düşüncəyə qalib gəlmək — 31
11. Bəyan etməkdən gələn müdafiə — 33
12. Maddi və fiziki ehtiyaclar — 35
13. Milli və beynəlxalq səviyyədə bəyan etmək barədə — 39
14. Məsihçilik və ona zidd olan qüvvələr haqqında — 43

Bəyan ifadələri

15. Bu bəyan ifadələrindən necə istifadə etmək olar — 49
16. Rəbbin qorxusu — 53
17. Salehlik və müqəddəslik — 59
18. Sağlamlıq və qüvvə — 69
19. İstiqamət, müdafiə və qoruyub-saxlamaq. — 75
20. İnsanın işlərinə Allahın müdaxiləsi — 83
21. Yoxlama və sınaqlar — 91
22. Ruhani mübarizə — 97

23.	Mükəmməl satınalınma	103
24.	Əqli və emosional sabitlik	109
25.	Allaha xidmət	115
26.	İlahi mübadilə	121
27.	Qalibin bəyan ifadəsi	123
28.	Mən İblisə belə üstün gəlirəm	125
29.	Allahın müdafiəsində əminlik	127
30.	İsrailə aid bəyan ifadələri	129
31.	Yaxşı ilə aparan on iki addım	133
	Müəllif haqqında	137

ALLAHIN KƏLAMINI
BƏYAN EDIN

Fəsil 1

Kəlamını bəyan edin

Allahın Kəlamını bəyan edəndə nəhəng güc fəal olur. Bəzi imanlılar bütün məsihçilərin səlahiyyətində olan bu ecazkar imkandan xəbərsizdirlər. Bu, şəxsi ehtiyacı əks etdirən vəziyyət və ya həll edilməli olan beynəlxalq böhran ola bilər. Hər halda, Allahın Kəlamını bəyan edəndə Allahın yaradıcı gücü fəal olur və nəticədə vəziyyəti tamamilə dəyişir. Hər bir imanlı Allahın Kəlamını bəyan etmək şərəfinə malikdir və buna görə məsuliyyət daşıyır.

Xidmət etdiyim illər ərzində, həyat yoldaşım Rut mənimlə olanda, vəz etməyə başlamazdan əvvəl mən həmişə onu mənimlə birgə Kəlamı bəyan etməyə dəvət edirdim. Allah bizə belə başlamağı öyrətmişdi və biz aşkar etdik ki, toplantının əvvəlində inamla Kəlamı bəyan edəndə ruhani atmosfer və vaizin məshi tam fərqli olur.

Müqəddəs Kitabdan bəyan etdiyim ən sevimli və ən

Allahın Kəlamını bəyan edin

çox işlətdiyim Kəlamlardan biri bu Kitabın əsas məzmununu xülasə edən ayələrdir:

"Yağış və qar necə göylərdən yağıb oraya qayıtmırsa, ancaq torpağı sulayıb yeri məhsuldar edirsə, əkinçiyə toxum, yeyənə çörək verirsə, ağzımdan çıxan kəlmə də belədir: boş yerə yanıma qayıtmaz, ancaq istədiyimi yerinə yetirər, onu göndərdiyim iş icra olunsun deyə həyata keçirər"

Yeşaya 55:10-11.

Fəsil 2

Bəyan etmək nədir

Bəyan etmək güclü şeydir. O, «irəli qışqırmaq» mənasını verən Latın sözündən əmələ gəlib. Əhdi-Cədiddə buna yaxın söz «bəyan etmək» mənasını daşıyır. Bəyan etmək "eyni sözü söyləmək" deməkdir. Müqəddəs Kitaba iman edən bizlər üçün bəyan – Allahın Öz Kəlamında artıq demiş olduğu eyni sözü öz ağzımızla söyləməkdir. Ağzımızdakı sözlər Allahın Kəlamı ilə eyni olanda biz özümüzü İsanın tam dəstəyini və səlahiyyətini almağa hazırlayırıq.

İbranilərə 3:1-də müəllif İsanı *"əqidəmizin Baş Kahini"* adlandırır. Bu, çox vacib sözdür. Əgər bizim əqidəmiz və bəyan etməyə sözümüz yoxdursa, Baş Kahinimiz də yoxdur. İsa bəyan etdiyimiz aparıcı Xadimdir (Baş Kahindir). Başqa sözlə, Məsihə iman edən bizlər haqqında Müqəddəs Kitabın söylədiklərini biz öz ağzımızla deyəndə, səmadakı Baş Kahinimiz İsa bizim bəyan etdiyimiz sözə uyğun olaraq Öz səlahiyyətini və Öz xeyir-duasını fəal edir.

Allahın Kəlamını bəyan edin

Lakin biz susanda Onun Baş Kahin xidmətinə müəyyən mənada maneə törədirik. Səhv bəyan edəndə biz bundan da pis edirik. Bu halda, biz mənfi qüvvələri ətrafımızda və üzərimizdə hərəkət etməyə dəvət edirik.

Bəyan etmək – təcavüzkarlıqdır. Bu, ruhani mühaaribə haqqında danışan sözdür. Bu, Allahın Kəlamının səlahiyyətini yaşadığınız vəziyyətdə, həyatınızda, ailənizdə, imanlılar cəmiyyətinizin həyatında, siyasi vəziyyətdə və s. fəal edir. Allahın gücünə ehtiyac duyan saysız-hesabsız vəziyyətlər var və bəyan etməklə Allahın gücünü gətirməkdən daha təsirli yol yoxdur.

Əslində, bəyan etmək – carçının işidir. Orta əsrlərdə *carçının* padşahdan və ya zadəgandan səlahiyyəti olurdu; carçı ictimai yerə gedərək hakimin iradəsi və qərarı haqqında bəyan edirdi. O haylayardı: «Eşidin, eşidin!» və sonra bəyan edərdi. Beləliklə, adamlar "Eşidin, eşidin!" sözlərini eşidəndə bunun səlahiyyətli səsi təmsil etdiyini bilirdilər. Onlar dayanıb deyilən sözə diqqətlə qulaq asardılar. Əksər tərcümələrdə aydın edilməsə də, Əhdi-Cədiddə *"vaiz"* üçün istifadə edilən söz "carçı"dır, "Bəyan etmək" mənasını daşıyır.

Fəsil 3

Sözü necə qat-qat gücləndirmək olar

Bu gün əvvəllər məlum olmayan yollarla, müasir kommunikasiya texnologiyalarının köməyi ilə Allahın Kəlamını daha geniş bəyan edə bilərik. Mən bir neçə onilliklər ərzində Müqəddəs Kitab müəllimi olmuşam və həmişə hiss etmişəm ki, mənim vəzifəm Müqəddəs Kitabı izah etmək və adamlara onu başa düşməkdə kömək etməkdir. Bir neçə il əvvəl Rəbb mənə "Bəyan etmək" ifadəsinin mənasını açıqlamağa başladı. Hiss etdim ki, O, məni Öz Kəlamını sadəcə öyrətməyə deyil, bəyan etməyə başlamağa çağırırdı. Nəticədə 1979-cu ildə ABŞ-da səkkiz stansiyada mənim Müqəddəs Kitab üzrə radio dərslərim başladı; sonra bu radio dərslər on üçdən çox dilə tərcümə olundu; hal-hazırda yer kürəsinin əksər hissəsini tam əhatə edir.

Allahın Kəlamını bəyan edin

Mahiyyətcə, bu, bəyan etmək xidmətidir. Radio xidmətini başlamağa mənə təkan verən Matta 24:14 oldu: "Səmavi Padşahlığın bu Müjdəsi bütün millətlərə şəhadət olmaq üçün bütün dünyada vəz ediləcək. O zaman hər şeyin axırı gələcək".

Biz yer üzündə Onun şahidləri və İsa Məsihin cəmiyyəti kimi öz işimizi yerinə yetirməyənə qədər bu dövr tamamlana bilməz. Bizim tapşırığımız Müjdəni bütün millətlərə, bütün dünyaya vəz etməkdir. Mən inamla bəyan edilən Allahın Kəlamının nəhəng gücünü öz təcrübəmdən öyrənmişəm. Bunun son dərəcədə gözəl nəticələri olur.

Mən məsihçi standartlarına uyğun olmayan bir Amerikan qadınının hekayəsini xatırlayıram. O, marksist, feminist və pozğun idi.

Bir dəfə o, Cənubi Çin dənizində kiçik gəmidə ikən güclü tufan yaxınlaşdı. Başqaları ona dedilər: "Aşağıya, otağına get və radionu qoş. Gör, hava haqqında nə öyrənirsən». O, radionu qoşdu və Filippində Maniladan yayımlanan mənim radio verilişimi eşitdi. O, elə o vaxt və elə orada xilas olmaq üçün kifayət qədər eşitdi. Nəticədə, tam dəyişərək özünü Allaha həsr etdi. O, sadəcə Kəlamın təlimini deyil, Öz işini yerinə yetirən Allah Kəlamın bəyan edilməsini eşitdi.

Fəsil 4

Musanın əsası

Allah Musanı geri qayıtmağa və İsraili Misir köləliyindən çıxarmağa çağıranda Musanın cavabına fikir verin. Yadınızdadırsa, Çıxış 4-cü fəsildə Allah ona yanan kolda göründü. Allahın təyinatına baxmayaraq, Musa bu iş üçün təchiz olunmadığını hiss etdi. Musa qırx yaşında ikən özünə inamını itirmişdi; indi isə onun səksən yaşı var idi. O dedi: «Niyə mən, Rəbb? Mən heç nə edə bilmirəm. Mən bunu necə edim?"

Rəbb Musaya dedi: *"Sənin əlindəki nədir?"* (Çıxış 4:2). O dedi: "Əsa". Onun əlindəki çoban əsası idi. Musa öz əsasını xüsusi bir şey hesab etmirdi. Allah əhəmiyyətsiz görünən bu əsanın möcüzəvi potensialını Musaya göstərməyə başladı. Rəbb dedi: «Onu yerə at». Musa onu yerə atdı və əsa ilan oldu. Musa onun qabağından qaçdı. Rəbb Musaya dedi: *"Əlini uzadıb onun quyruğundan tut"* (Çıxış 4:3-4). İlanlar ilə məşğul olan hər kəs bilir ki, ilanın quyruğundan heç vaxt tutmaq olmaz. Ancaq Musa Allaha itaət etdi və ilan yenə əsa oldu. Bunu etməklə, Allah əsadan ilahi səlahiyyətin aləti kimi necə istifadə etməyi Musaya göstərdi. Musa həmin bu əsa ilə Misirin sehrbazlarını məğlub etdi, fironu gücündən məhrum etdi, onların allahlarını hörmətdən saldı və İsraili Misirdəki köləlikdən azadlığa çıxartdı.

Çıxış Kitabının qalan hissəsinə nəzər salsanız görəcəksiniz ki, məhz bu əsa ilə İsrailin Misirdən qurtuluşuna nail olundu. Musa hər dəfə Allahın müdaxiləsinə ehtiyac duyanda öz əsasını uzadırdı və Allah müdaxilə edirdi. Musanın səlahiyyətinin rəmzi onun əlindəm ki əsa idi. İsrailin keçə bilməsi üçün Qırmızı dənizin bölünməsinə ehtiyac yarananda, Musa öz əsasını uzatdı və sular ayrıldı.

İsrail övladlarını təqib edən Misirlilər dənizin dibi ilə keçəndə Musa öz əsasını yenidən uzatdı və sular onları uddu. Allahın bu böyük tapşırığını yerinə yetirmək üçün Musaya təkcə öz sadə çoban əsası lazım oldu. Əvvəllər isə bu əsanı əlində tutanda Musa ona heç bir əhəmiyyət vermirdi.

Fəsil 5

Allahın Kəlamından möhkəm tutmaq

Sizin də əlinizdə əsa var. Bu, sizin Müqəddəs Kitabınızdır. Əgər siz onun qeyri-məhdud potensialını dərk edə bilsəniz, Musa öz əsasından istifadə etdiyi kimi, siz də ondan istifadə edərək iblisin Allahın adamlarına və məqsədlərinə qarşı çıxdığı istənilən vəziyyətə Allahın səlahiyyətini gətirə bilərsiniz.

Həyat yoldaşım Rut və mən xidmət etdiyimiz illər ərzində bir çox müxtəlif yol ilə bizə və xidmətimizə qarşı çıxan İblisə qarşı daim müharibə ilə mübarizə aparırdıq. Mən hiss edirdim ki, onun məqsədlərindən biri Rutu öldürmək idi. Bu müharibədə Müqəddəs Ruh bizi Müqəddəs Kitabdan əsa kimi tutaraq Allahın səlahiyyətini İblisin bizə qarşı çıxdığı hər bir sahəyə gətirməyi öyrədirdi.

Müqəddəs Ruh bizi Müqəddəs Kitabda sistemas tik olaraq istiqamətləndirərək hücum olunan hər bir sahəyə onları yönəltməyi bizə göstərirdi. Müqəddəs Ruhun bizə öyrətdiyi strategiya belə idi:

> Bəyan etmək
> Minnətdarlıq etmək
> Şükür etmək

Əvvəlcə cürətlə, qəti inamla müvafiq Müqəddəs Kitab ayəsini *bəyan edin*. Bunu tam təsirli etmək üçün istinad etdiyimiz ayələri çox vaxt özümüzə aid edərək bəyan edirdik. Məsələn, Müqəddəs Kitab «siz» deyəndə, biz «mən», «biz» və ya «bizə» sözləri ilə dəyişirdik.

İkincisi, istənilən vəziyyətdə ayənin təsirini hələ görməzdən əvvəl bu ayəni həqiqət kimi bəyan edirdik. Bunun təbii nəticəsi *təşəkkür etmək* idi.

Məntiqi olaraq, bu bizi üçüncü addıma – ucadan, sevinclə şükürlər etməyə gətirdi.

Süleymanın Nəğmələr Nəğməsi 6:4-də Süleyman Məsihin gəlini olan cəmiyyəti təsvir edərək yazır: *"Müzəffər ordu kimi möhtəşəmsən"*. Bəyan etmək, minnətdarlıq və şükürlə Rut və mən qaranlığın kütlələrini sıxışdırıb çıxararaq Allahın bizim üçün təyin etdiyi azadlığa daxil olurduq.

Bəyan etmələri və duaları növbəti on başlıq altında təqdim edirik:

Allahın Kəlamından möhkəm tutmaq

Rəbb qorxusu
Salehlik və müqəddəslik
Sağlamlıq və qüvvə
İstiqamət, müdafiə və qorunma
Allahın insan işlərinə müdaxiləsi
Yoxlama və sınaqlar
Ruhani mübarizə
Mükəmməl satınalınma
Əqli və emosional sabitlik
Allaha xidmət etmək

Nəhayət, axırda, bizim xüsusilə sevdiyimiz altı bəyan sözü var.

Bu Müqəddəs Kitab ayələrindən maksimal fayda əldə etmək üçün üç sadə qaydaya riayət etmək gərəkdir:

1. Sizin xüsusi vəziyyətinizə aid olan Müqəddəs Kitab ayəsini sizə «canlandırmağı» Müqəddəs Ruhdan xahiş edin.
2. Müqəddəs Kitab ayələrini bir neçə dəfə və müma künsə, ucadan oxuyun.
3. Ayələri ucadan oxuyaraq tədricən onları əzbərləyin. Bu, təbii alınacaq. Ayələri ucadan oxuyanda onlar sizin yaddaşınıza həkk olunacaq.

Allahın Kəlamını bəyan edin

Lakin başlamazdan əvvəl Allah Kəlamının bəyan edilməsinə aid öyrəndiyim həqiqətlərin bəziləri ilə sizinlə bölüşmək istərdim.

Fəsil 6

Birlikdə:
Kəlam və Ruh

Əvvəlki fəslin başlanğıcında Musa haqqında qeyd etdiyimiz kimi, əgər siz özünüzü Allaha həsr etmiş və Müqəddəs Kitaba iman edən məsihçisinizsə, sizin də əlinizdə əsanız var. Bu, Allahın Kəlamıdır. Allahın çağırışını yerinə yetirmək üçün sizə lazım olan yeganə alət Müqəddəs Kitabınızdır.

İlk öncə biz Allahın Kəlamının gücünü dərk etməliyik. Bu, fövqəltəbii kitabdır. Musanın əsası kimi, Kitaba əvvəlcə baxanda onda olan qüvvə aşkar görünmür. Lakin Kitabı başa düşməyə başlayanda, onun gücünün əslində qeyri-məhdud olduğunu görəcəksiniz.

İcazə verin Allahın Kəlamının gücünü əks etdirən bir neçə Müqəddəs Kitab ayəsini sizə göstərim:

"Göylər Rəbbin sözü ilə, səma cisimləri Onun hökmü ilə yarandı" (Zəbur 33:6).

Allahın Kəlamını bəyan edin

Mövcud olmuş, mövcud olan və mövcud olacaq hər şey Rəbbin Sözü və Ruhu ilə yaranır. Ruh və Kəlam birlikdə işləməlidir.

Sadə sözlər çox böyük gücə məlikdir. Afrikada tələbələrə ingilis dilini öyrədəndə mən elementar fonetikanı öyrənməli oldum və sözlər haqqında maraqlı faktlar aşkar etdim. Əslində biz necə danışırıq? Nəfəsimizi ağ ciyərlərimizdən buraxanda o, ağızdan, burundan keçərək sözlərin səsini müəyyən edir. Bu səbəbdən, siz nəfəs almadan danışa bilməzsiniz. Allah da belə danışır. O, hər dəfə bir Söz deyəndə Onun nəfəsi, Onun Ruhu iştirak edir. Allahın Kəlamı və Ruhu həmişə birlikdə olur. Allahın Kəlamı və Ruhu kainatı yaratdı və onu saxlamaq üçün əməkdaşlıq etməkdə davam edir.

Peterin İkinci Məktubunda bizə üç faktı göstərən çox güclü ayələr var: Kəlam yaradır, Kəlam qoruyub saxlayır və Kəlam aradan qaldırır.

"Allahın Kəlamı ilə göylər qədimdən bəri mövcuddur, quru da sudan ayrılaraq su vasitəsilə yarandı. Yenə də su ilə, yəni daşqınla o dövrkü dünya məhv oldu. İndiki yer və göylər isə həmin kəlamla oda təslim olmaq üçün təyin olunub, allahsızların mühakimə və həlak olacağı günədək saxlanılır" (2 Peter 3:5-7).

Allahın Kəlamı yeri və göyləri varlığa gətirdi; onlar Allahın Kəlamı ilə saxlanılır; Allahın Kəlamı ilə Onun mükəmməl vaxtında onlar keçəcək. Allahın Kəlamı ya-

Birlikdə: Kəlam və Ruh

radır, saxlayır və aradan qaldırır. Bəzən adamların bu planetdə səbəb olduqları nizamsızlığa baxanda mən sevinirəm ki, bir gün Allahın Kəlamı bu nizamsızlığı aradan qaldıracaq. Allah bütün bunlara Öz Kəlamı ilə nail olur.

Gəlin əvvəldə istinad etdiyimiz Müqəddəs Kitab ayəsinə nəzər salaq: Yeşaya 55:10-11. Bu Kəlam Allahın ağzından çıxmalıdır, əks təqdirdə, bu, təsirli olmayacaq.

"Yağış və qar necə göylərdən yağıb oraya qayıtmırsa, ancaq torpağı sulayıb yeri məhsuldar edirsə, əkinçiyə toxum, yeyənə çörək verirsə, ağzımdan çıxan kəlmə də belədir: boş yerə yanıma qayıtmaz, ancaq istədiyimi yerinə yetirər, onu göndərdiyim iş icra olunsun deyə həyata keçirər".

Fikir verin ki, Allah «ağzımdan çıxan kəlmə» deyir. Yəni «Mənim nəfəsimlə söylənilən kəlmə». 2 Korinflilərə 3:6-da Paul deyir: «Yazılı Qanun öldürür, Ruh isə həyat verir». Başqa sözlə, Allahın nəfəsi (Ruhu) ilə gəlməyən Kəlam özü ilə həyatı gətirmir. Kəlam və Ruh birlikdə olmalıdır. Müqəddəs Kitabın bəzi ayələrindən istifadə edərək vəz edə bilərsiniz, amma Ruhun nəfəsi olmasa, quru olacaq; həyat yox, ölüm gətirəcək. Bunların hər ikisi həmişə birlikdə işləməlidir.

İndi yenə Musanın təcrübəsinə qayıtmaq istərdim. Biz bəyan etməklə Allahın Kəlamını necə təsirli edə bilərik? "Bəyan etmək" deyəndə mən Kəlamı müəyyən bir vəziyyətdə fəal etməyi nəzərdə tuturam. Bunun üçün əminlik və cəsarət tələb olunur. Bu, cəsarətsizlər üçün deyil; siz bəyan etdiyiniz Kəlama inandığınızı fikrinizdə tutmalısınız.

Bu, Allahın Kəlamıdır. Əgər siz imanla ürəkdən, imanla ağzınızla onu deyirsinizsə, Kəlam təsirli olacaq, sanki bunları sizin vasitənizlə Müqəddəs Ruh Özü deyir. Allahın Ruhu sizin ağzınızla Öz Kəlamını tələffüz edəndə Kəlam təsirli olacaq. Kainatı yaradanda Allahın Kəlamı təsirli olduğu kimi olacaq.

Fəsil 7

Allahın Kəlamı qarşısında titrəməyi öyrənmək

Biz bu fəslin əvvəlində qeyd etmək istərdik ki, Musa ilk növbədə qorxdu. Əsasını yerə atanda o, ilan oldu və Musa ondan qaçdı. Bəyan etməkdə təsirli olmağımız üçün biz Musa kimi Allahın Kəlamı qarşısında sağlam qorxuya malik olmağı öyrənməliyik. Biz Allahın Kəlamı qarşısında titrəməyi öyrənməliyik.

"Rəbb belə deyir: «Göylər Mənim taxtımdır, yer ayaqlarımın altındakı kətildir. Mənim üçün harada ev tikəcəksiniz, dincələcəyim yer harada olacaq? Çünki bütün bunları Mənim əlim yaratdı, hər şey beləcə əmələ gəldi» Rəbb bəyan edir. «Ancaq Mən özünü aşağı tutan və ruhu əzilmiş insana, Sözümün önündə titrəyənə nəzər salaram"

(Yeşaya 66:1-2).

Allahın Kəlamını bəyan edin

Biz öz əməllərimizlə kainatı yaradan Allahda təəssürat yarada bilmərik. Lakin Onun xoşuna gələn bir şey var. Allah hansı insana hörmət edir və ona nəzər salır? «Özünü aşağı tutan və ruhu əzilmiş insana, sözümün önündə titrəyənə nəzər salaram». Beləliklə, Musa kimi, bizim ilk münasibətimiz Allahın Kəlamı qarşısında qorxu və ehtiram olmalıdır. Bu gün imanlılar cəmiyyətində Allahın Kəlamından olduqca az qorxu var. Biz ona həddindən çox adi yanaşırıq. Biz ona tez-tez istinad edirik, ancaq bəziləri ona əsl hörməti göstərə bilmir. Bu münasibət dəyişməlidir.

Allahın Kəlamı qarşısında titrəməyimizin iki səbəbini qeyd etmək istərdim. Birincisi, İsa demişdi:

«Kim sözlərimi eşidib onlara riayət etməzsə, Mən onu mühakimə etmərəm, çünki dünyanı mühakimə etmək üçün deyil, onu xilas etmək üçün gəldim. Məni rədd edib sözlərimi qəbul etməyəni mühakimə edən var: bu da Mənim söylədiyim sözdür ki, son gündə onu mühakimə edəcək"

(Yəhya 12:47-48).

Bir gün biz hamımız Allahın Kəlamı ilə mühakimə olunacağıq. Qüdrətli Allah qarşısında dayanıb öz həyatınıza görə cavab verəcəyinizi təsəvvür edin. Mən inanıram, biz hamımız bunu edəcəyik. Məncə, siz titrəyəcək və çox narahat olacaqsınız. İsa dedi ki, biz Allahın Kəlamına eyni münasibət göstərməliyik, çün-

Allahın Kəlamı qarşısında titrəməyi öyrənmək

ki bir gün o Kəlam bizi mühakimə edəcək. Bunu başa düşməyə çalışmalıyıq. Hər dəfə biz Müqəddəs Kitabı açıb oxuyanda bir gün bizi mühakimə edəcək Kəlamla qarşılaşırıq. Şübhəsiz, biz bu Kəlam qarşısında titrəməliyik.

Sonra İsa başqa bir əhəmiyyətli söz dedi:

"Kim Məni sevsə, sözümə riayət edər, Atam da onu sevər və Biz onun yanına gəlib onunla məskən salarıq"
(Yəhya 14:23).

Bu, Allahı təsvir etmək üçün istifadə edilən əvəzliyin cəm halıdır və Müqəddəs Kitabda buna çox az rast gəlmək olur. *"Biz [Ata və Oğul] onun yanına gəlib..."* Onlar necə gələcəklər? Allahın Kəlamı vasitəsilə. Başqa sözlə, biz Onun Kəlamını açanda, Allah Özü – Ata və Oğul – bizim həyatımıza daxil olur, qəlbimizdə Özünə ev qurur.

Sizin evinizə daxil olan Rəbb İsanı təsəvvür edin. Siz son dərəcədə heyrətlənəcəksiz; sizdə dərin ehtiram hissi olacaq. Siz hörmətlə Onun ayaqlarına düşmək istəyəcəksiniz. Burada İsa Özü və Atası barədə deyir: "Biz onun yanına gəlib onunla məskən salarıq». Onlar Allahın Kəlamı vasitəsilə gələcəklər.

Allahın Kəlamını bəyan edin

Müasir imanlılar cəmiyyətində olan bizlərdən çoxu Allahın Kəlamına dair öz münasibətimizi dəyişməliyik. Biz daha böyük hörmət, qorxu və ehtiram göstərməliyik. Elə davam etsə, Kəlam həyatımızda təsirli olmayacaq. Biz Kəlama ehtiramla yanaşmağı öyrənməliyik.

Fəsil 8

Allahın mühakiməsini yerinə yetirmək

Əvvəlki fəsil bizə Kəlam qarşısında titrəməyin əhəmiyyətini göstərdi. Bu, Musa ilə baş vermiş ilk təcrübədir. O, öz əsasında mövcud olan gücü qəfildən başa düşdü və ondan qaçdı. Sonra Musa əsasından tutdu. O, inamla əsadan tutdu və ilan onun əlində yenə əsa oldu. Beləliklə, titrəyəndən sonra Allahın Kəlamından möhkəm tutmağa ehtiyac duyuruq.

Zəbur 149-un axırıncı dörd ayəsi bu barədə çox təsirli danışır:

"Qoy möminlər sevinsinlər, yataqlarında belə, Onu tərənnüm etsinlər. Dilləri ilə Allahı ucaltsınlar, əllərində ikiağızlı qılınc tutsunlar. Millətləri qıraraq qisas alsınlar, ümmətləri cəzalandırsınlar. Padşahlarına zəncir vursunlar, sərkərdələrini dəmir buxovlara salsınlar. Onlar üçün yazılan hökmü yerinə yetirsinlər, Rəbbin bütün möminləri bununla şərəflənsinlər. Rəbbə həmd edin!"

Allahın Kəlamını bəyan edin

Burada adı gedən möminlər özlərini Allaha həsr etmiş həqiqi imanlılardı; onlar Allahın Kəlamı qarşısında nəinki titrəyir, həm də Kəlama inanan müqəddəslərdir. Onlara aid ecazkar sözlər deyilir. Siz özünüzü belə möminlərə aid edə bilərsinizmi? Əgər ağzınızda Allaha şükürlər, əlinizdə isə ikiağızlı iti qılınc varsa, onda siz millətləri mühakimə edə bilərsiniz. Siz özünüzü inamla bunun iştirakçısı kimi görə bilərsinizmi? Şərəf və ya ehtiram bütün möminlərə aiddir. Necə də gözəl məsuliyyətdir! Zənn edirəm ki, hər birimiz özümüzü bu ayələr çərçivəsində həqiqətən görsək, dualarımız xeyli dəyişər. Fikir verin ki, biz özümüz «üçün yazılan hökmü yerinə yetir»məliyik. Bu hökm harada yazılıb? Kəlamda. Mühakiməni biz etməyəcəyik; mühakiməni Allah edir. Lakin bizə millətlər və hakimlərin üzərində bu mühakiməni icra etmək səlahiyyəti verilib. Başqa sözlə, imanlıların tarixdə unikal və əhəmiyyətli rolu var.

Faciə isə ondan ibarətdir ki, bir çox məsihçi Allahın onlara verdiklərini başa düşmür; Allahın bizdən nələr gözlədiyindən hələ danışmıram. Xüsusilə qeyd etmək istəyirəm ki, mühakiməni biz etmirik; biz mühakiməni Allahın yazılmış Kəlamında tapırıq. Bizim vəzifəmiz onları icra etməkdir.

Biz bunu necə edirik? Biz Allahın Kəlamında yazılan mühakimələri bəyan etməklə bunu edirik. Biz onları sadəcə bəyan edirik; biz carçıyıq. Biz dünyanın meydanlarına çıxıb «Eşidin! Eşidin!» deyə car çəkirik. Sonra isə biz Allahın əmrini bəyan edirik.

Fəsil 9

Səlahiyyətin tətbiqi

Növbəti mərhələyə gəldikdə mən çox sadə və təcrübi olmaq istəyirəm. Musa əsanı tutandan sonra nə etdi? O, Misirə qayıdanda əsanı uzatdı. Bu nunla o, əsada olan səlahiyyəti tətbiq etdi. Mən də bunu etməyi hamımıza təklif edirəm. Biz Allahın yazılmış Kəlamını götürüb Allahın səlahiyyətinə ehtiyac duyan istənilən vəziyyətdə onu tətbiq etməliyik.

İstənilən vəziyyətdə Allahın gücünü fəal etməyin ən təsirli yollarından biri Müqəddəs Ruhun məshində onu inamla bəyan etməkdir. Yadda saxlayın ki, Kəlam nəfəs və ya Ruhla gəlməlidir. Allahın nəfəsi və ya Ruhu Onun Kəlamını bizim ağzımızdan söyləyəndə, biz onu vəziyyətə aid edə bilərik. Həmin vəziyyətdə bu sözlər qüdrətli Allahın bütün səlahiyyətinə malikdir.

Allah Öz taxtından düşmədi, Musadan əsanı götürüb «Sizin üçün bunu Özüm edəcəyəm» demədi. Çoxumuz məhz bunu gözləyirik. Allah isə deyir: «Əlində əsan var; bunu sən et!» Əslində, Çıxış 4:20-də bu, «Allahın buyurduğu əsa» adlandırılır. Musa sadəcə onu əlində tuturdu. Mən Allahın əsasına ehtiyac duyan bir neçə vəziyyətin adını çəkmək istəyirəm. Mən əvvəlcə şəxsi, sonra isə regional, milli və beynəlxalq səviyyədə olan ehtiyaclara nəzər salacağam.

Mən əsanı uzatmağın müxtəlif yollarını sizə göstərzmək istəyirəm. Bunların hamısı Rəbb ilə təklikdə keçirdiyim vaxtlarda müntəzəm istifadə etdiyim bəyanlardır. Mən demirəm ki, ucadan bəyan etməkdə güc daha çoxdur. Hər şey Müqəddəs Ruhun sizi istiqamətləndirməsindən asılıdır. Bir neçə il ərzində mən bəyan etmək üçün müntəzəm istifadə etdiyim iki yüzə qədər ayəni yığmışam. Bunlardan bəzilərini mən yüzlərlə dəfə bəyan etmişəm.

Fəsil 10

Mənfi düşüncəyə qalib gəlmək

Yadda saxlayın: əgər siz çoxlu mənfi düşünür və mənfi sözlər danışırsınızsa, bu ayələri bir dəfə bəyan etməkdən böyük nəticə gözləməyin. Səmadan əsl dəyişiklik gəlməsi üçün bu ayələri dəfələrlə ucadan bəyan etmək lazımdır. Düşüncənizin bir hissəsi olana qədər onları ucadan və çoxlu deməlisiniz.

Ola bilsin, mənim İngiltərədən olduğumu və Britaniyalı adamların çox vaxt mənfi olduqlarından xəbərdarsız. Biz təbiətən pessimist olmağa meylliyik. Mən, özüm pessimistlərin pessimisti idim! Şükür Rəbbə, O, məni tədricən yenidən dəyişdi, ancaq bunun üçün Ona çox vaxt tələb oldu.

Çətin vəziyyətlə üzləşəndə mən baş verə biləcək bütün bəla və pis nəticələr barədə fikirləşməyə başlayırdım. Ola bilsin sizin də eyni probleminiz var.

Mən müxtəlif yol ilə Kəlamın silahından istifadə edirdim. Yeremya 29:11-də Allah İsrailə deyir: *"Sizin barəniz-*

Allahın Kəlamını bəyan edin

də olan fikirlərimi Özüm bilirəm... Mən sizin pisliyiniz deyil, salamatlığınız barədə düşünürəm ki, sizə ümidli bir gələcək verim". Hər dəfə mən mənfi bir fikri düşünməyə başlayanda özümə deyirdim: «Rəbb, mən təşəkkür edirəm ki, Sənin mənə aid planların var; bu planlar mənim pisliyimə deyil, xeyrimədir, dərd üçün deyil, çiçəklənməyim üçün, mənim ümidli gələcəyim üçündür».

Mən bunu bir neçə dəfə deməli idim; nəticədə, mənfi atmosfer yox olur və mənim münasibətim güclü, inamlı, müsbət olurdu. Siz günün başlanğıcında bunu desəniz gününüz yaxşı olacaq və işləriniz düzələcək.

Başqa adamların sizinlə davranma tərzinə sizin öz münasibətiniz böyük təsir göstərir. Əgər siz müsbət münasibətlə mağazaya daxil olursunuzsa, satıcı sizə kömək edəcək. Əgər siz pis xidmət, kobudluq və ya xoşagəlməz bir şey gözləyərək gəlirsinizsə, çox ehtimal ki, bunları alacaqsınız.

Hesab edirəm ki, bəyan etdiyiniz ayələri özünüzə aid etməyiniz yaxşıdır. Beləliklə, Müqəddəs Kitab «siz» deyəndə, onu «mən» ilə əvəz edin. Bunu etməklə siz «Bu, mənə aiddir» deyirsiniz.

Gəlin özünümüdafiə ilə başlayıq. Fərz edin ki, sizə çoxlu qorxu, mənfi fikirlər hücum edir və siz fikirləşirsiniz: ölsəm nə olacaq? Bəlkə cərrahiyyə əməliyyatına ehtiyac duyursunuz və həkim sizin sağ qalacağınıza zəmanət vermir. Rut xəstə olanda biz belə bir vəziyyətlə üzləşdik. Bu ayəni minlərlə dəfə deyirdik: *"Ölməyib sağ qalacağam, Rəbbin işlərini bəyan edəcəyəm"* (Zəbur 118:17).

Fəsil 11

Bəyan etməkdən gələn müdafiə

Adamların sizə qarşı danışdıqlarını, hətta dua etdiklərini fərz edin. Sizin ayəniz Yeşaya 54:17-dir: "Sənə qarşı işlənən heç bir silah işə yaramayacaq. Məhkəmədə səni təqsirləndirən hər kəsi təqsirkar çıxaaracaqsan. Rəbbə qulluq edənlərin irsi belədir. Onların salehliyi Məndən gəlir». Bunu Rəbb bəyan edir".

Növbəti bəyan sözü məhz bu ayəyə əsaslanır: "Mənə qarşı işlənən heç bir silah işə yaramayacaq. Məhkəmədə məni təqsirləndirən hər kəsi mən təqsirkar çıxaracağam. Bu mənim irsimdir, çünki mən Rəbbə qulluq edirəm. Mənim salehliyim Səndən gəlir".

Rut və mən hər gecə yuxuya getməzdən əvvəl bunu birlikdə deyirdik. "Salehliyimiz Rəbdəndir" deyə bəyan edəndə, məhz buna görə bizi ittiham edənləri təqsirkar çıxara bilirik. Səbəb odur ki, onlar Allahın salehliyindən imtina edir və nəticədə həmişə məğlub olurlar.

Allahın Kəlamını bəyan edin

Biz həmçinin bunu da deməliyik: «Bizə qarşı danışan və ya bizim pisliyimizi axtaranlar varsa, biz onları bağışlayır və Rəbbin adı ilə onlara xeyir-dua veririk». Biz həmişə mənfi fikirləri müsbət fikirlərlə əvəz etməyə çalışmalıyıq.

Müqəddəs Kitab deyir: əgər adamlar bizi lənətləyirsə, cavabında biz onları lənətləməməli, onlara xeyir-dua verməliyik. Paul dedi: "Pislik sənə üstün gəlməsin, pisliyə yaxşılıqla qalib gəl" (Romalılara 12:21). Şərə üstün gəlmək üçün kifayət qədər güclü olan yeganə qüvvə yaxşılıqdır.

Bizə hücum ediləndə Qanunun Təkrarı 33:25-27-ni bəyan edirdik:

"Darvazalarının cəftələri dəmirdən, tuncdan olsun, qüvvətin ömrün boyu qurtarmasın! Ey Yeşurun, bax sənə kömək etmək üçün göylər və buludlara əzəməti ilə minən Allahın bənzəri yoxdur. Pənahgahın əzəli əbədi Allahdır, səni daim qollarında gəzdirər. Düşmənlərini qarşından qovar, "Yox et onları!" sənə deyər".

Belə həqiqəti bəyan etmək doğrudan da İblisi qorxuhdur. Yadda saxlayın: "mübarizəmiz qandan və ətdən ibarət olan insanlara qarşı deyil, şər başçılarına və hakim olanlara, bu qaranlıq dünyanın hökmranlarına, səmadakı ruhani şər qüvvələrə qarşıdır" (Efeslilərə 6:12). Allahın təmin etdiyi silahlar çox güclüdür, lakin onlardan düzgün istifadə edilməlidir.

Fəsil 12

Maddi və fiziki ehtiyaclar

Sizin müxtəlif növ ehtiyacınız ola bilər, məsələn, maddi və ya fiziki. Maddi ehtiyaclar üçün biz 2 Korinflilərə 9:8-dən istifadə etmişik. Yenə də, biz bəzi sözləri dəyişmişik, ancaq ayə əsasən belədir:

"Allah bizə hər bir neməti bol-bol verə bilər. Belə ki, hər bir şeyə həmişə, hərtərəfli, kifayət qədər sahib olmaqla hər yaxşı əməl üçün bol-bol imkanımız olsun".

Əsas budur: *"Allah... verə bilər"*. Bu ecazkar ayədə görün necə bolluq qeyd olunur: *"...hər bir... bol-bol... hər bir şeyə həmişə, hərtərəfli, kifayət qədər...hər yaxşı... bol-bol..."*. Bir ayədə bundan böyük bolluğu əks etdirmək qeyri-mümkün olardı. Bunun hamısı lütf ilədir. Lütfü necə qəbul etmək olar? *"İman vasitəsilə, lütflə xilas oldunuz. Bu, sizin nailiyyətiniz deyil, Allahın hədiyyəsidir"* (Efeslilərə 2:8). Bu, bizim qazandığımız və ya layiq olduğumuz bir şey deyil. Bu, bizim sosial vəziyyətimizdən asılı deyil. Biz hər şeyi Allahın lütfünə imanla qəbul edirik. Bu ayə xidmətimizin maddi əsasıdır.

Sonra təsəvvür edin ki, çətin vəziyyətə düşür və bacarmayacağınızı fikirləşirsiniz. Bu vəziyyətin tələb etydiyi kifayət qədər təhsilinizin, fiziki qüvvənizin, duyf maq qabiliyyətinizin olmadığını hiss edirsiniz. Belə vəziyyətdə biz Filipililərə 4:13-ə müraciət edərdik. Bu, mənim variantımdır. Mən Yunan dilini bilirəm və fikirləşirəm ki, Rəbb mənə mənanı daha dəqiq çatdırmaq üçün çox yaxşı qabiliyyət verib: «Mən daxilimdə mənə qüvvət verən Məsih vasitəsilə hər işə gücüm çatır".

Mən "qüvvət" sözündən istifadə edirəm, çünki Yunan dilində «dunamis» sözü istifadə olunur və adətən "qüvvət" kimi tərcümə edilir. Beləliklə, sizin daxilinizdə qüvvə mənbəyi var və siz bəyan edərkən bu qüvvə fəal olur. Bir tapşırığı yerinə yetirmək üçün təhsilim, gücüm və ya duymaq qabiliyyətim olmasa belə, bu tapşırıq Allahın iradəsi ilə mənə verilirsə, daxilinizdəki Şəxs sizə qüvvət verəcək.

Ola bilsin, bir xəstəliyə tutulmusunuz. Şəfaya aid sevimli ayə 1 Peter 2:24-dür:

"O, bədəni çarmıxa çəkilərək bizim günahlarımızı Öz üzərinə götürdü ki, biz günaha münasibətdə ölüb salehlik üçün yaşayaq. Onun yaraları ilə siz şəfa tapdınız".

Fikir verin ki, bu keçmiş zamandadır. Müqəddəs Kitab bağışlanmada şəfa haqqında danışanda heç vaxt

Maddi və fiziki ehtiyaclar

gələcək zamandan istifadə etmir. İsanın gəlişindən yeddi yüz il əvvəl Yeşaya peyğəmbər demişdi: *"Bizim üsyankarlığımıza görə onun bədəni deşildi, şər əməllərimiz naminə əzildi, bizim əmin-amanlığımız üçün o cəza aldı, Onun yaraları ilə biz şəfa tapdıq"* (Yeşaya 53:5).

Məsihin günahlara görə ölümündən və dirilməsindən sonra, geriyə nəzər salan Peter dedi: " Onun yaraları ilə biz şəfa tapdıq".

Bu sizə tamamilə başqa gələcək verir.

Bu demək deyil ki, siz avtomatik sağalırsınız; ancaq bu sizə xəstəliklə qarşılaşmağa və ona qarşı etiraz etməyə fərqli bir əsas verir. Bəzən uzun müddət ərzində dəfələrlə bəyan etməli olacaqsınız. Ancaq siz Allah Kəlamının və ya xəstəliyin əlamətlərinin daha etibarlı olduğunu müəyyən etməlisiniz.

Fəsil 13

Milli və beynəlxalq səviyyədə bəyan etmək barədə

İndi isə daha təcavüzkar yanaşma tələb edən sahəyə keçirik. Mən milli və beynəlxalq səviyyədə müdaxilə barədə danışmaq istəyirəm. Rut və mən şəxsi ehtiyaclarımızdan başqa müxtəlif vəziyyətlər, hətta millətlərin taleləri kimi bir çox məsələlər üçün dua edirdik. Növbəti ayələr bunu etməkdə sizi həvəsləndirər və kömək edər.

Daniel 2:20-22 və Daniel 4:34-35-ci ayələrinin birləşməsini çox xoşlayırıq.

Birinci hissədəki sözləri Daniel, ikinci hissədəki sözləri isə Navuxodonosor söyləmişdi, lakin məzmun eynidir.

Allahın Kəlamını bəyan edin

"Allahın adı əbədi olaraq izzətlənsin! Çünki hikmət və qüdrət Ona məxsusdur. Vaxtı və dövrü dəyişdirən Odur. O, padşahları taxtdan salar və taxta qoyar, müdriklərə hikmət, aqillərə ağıl verər. Dərin və gizli sirləri O açar, qaranlıqda qalanı O bilər. İşıqla əhatə olunan Odur". ...Onun hökmranlığı əbədidir, padşahlığı nəsildən-nəslə qalır. Dünyada yaşayanların hamısı heç bir şey sayılır. O həm səma ordusunun, həm də dünyada yaşayanların arasında Öz hökmünü yeridir. Onun əlini saxlayacaq yaxud Ona "Nə edirsən?" deyəcək bir kəs yoxdur".

Xatırlayın ki, ikinci hissədəki sözləri bu yaxınlarda Allahdan dönmüş hakim deyir. Bu, bizi ruhlandırmalıdır, çünki əgər biz düzgün dua etməyi öyrənsək, Allah pis ölkə başçılarının ürəklərini həqiqətən dəyişdirə bilər. Sonra 2 Salnamələr Kitabından iki hissə var. Bunların hər ikisi bir ayədən ibarət olan dualarıdır və biz xüsusi vəziyyətin müəyyən aspektləri üçün daha təfsilatlı dua etməzdən əvvəl fikrimizi cəmləşdirmək üçün bunları ucadan söyləyirik.

"Ya Rəbb, güclülər arasında gücsüzəm, yardım edəcək Səndən başqası yoxdur. Ya Rəbb Allahımız, bizə yardım et, çünki Sən bizim dayağımızsan və Sənin isminlə bu qoşunun üstünə gəlmişik. Ya Rəbb, Allahımız Sənsən, qoy insan Sənə üstün gəlməsin" (2 Salnamələr 14:11).

Milli və beynəlxalq səviyyədə bəyan etmək barədə

İkinci ayə 2 Salnamələr 20:6-dır:

"Ya Rəbb, atalarımızın Allahı, göylərdə olan Allah Sən deyilsənmi? Bütün millətlərin padşahlıqları üzərinə hakim olan Sən deyilsənmi? Qüdrətlə qüvvət Sənin əlindədir və heç kim Sənə qarşı dura bilməz".

İndi isə Zəbur 33:8-12-yə baxın. Bu, dünyadakı vəziyyətə aid fövqəladə gücə malik bəyandır:

"Qoy bütün dünya Rəbdən qorxsun, bütün yer üzünün əhalisi Onu şərəfləndirsin. Çünki nə söylədi, mövcud oldu, nə əmr etdi, quruldu. Rəbb millətlərin məsləhətini puç edər, xalqların məqsədini heç edər. Lakin Rəbbin məsləhəti əbədi olar, ürəyinin məqsədi nəsillər ötsə də, qalar. Nə bəxtiyardır o millət ki Allahı Rəbdir, o xalq ki Rəbb onu irs olaraq seçmişdir".

Başqa sözlə, qalib kim olacaq? Allahı Rəbb olan millət. Hökumətlərin, millətlərin, Birləşmiş Millətlər Təşkilatının və s. bütün planları Allahın planlarına ziddirsə, mənasızdır.

Fəsil 14

Məsihçilik və ona zidd olan qüvvələr haqqında

Nəhayət, İsrailə aid bəzi ayələrə nəzər salmaq istəyirəm. İllər boyu məhz İsrail barədə mən xüsusilə çox dua etmişəm. Ola bilsin, sizin buna çağırışınız yoxdur, lakin siz bu prinsipləri götürüb öz vəziyyətinizə onları tətbiq edə bilərsiniz.

Dünyanın bəzi regionları Müjdəni qəbul etməkdə ən çətin hesab olunur. Bu ölkələr ən böyük ictimai-iqtisadi problemlərə malikdir. Güman edirəm ki, əslində bunun üçün çox vacib səbəb var və bu səbəb bəyan etmənin təsirini vurğulayır.

Bilirsiniz ki, dünyada bəzi adamlar həqiqi Allahı tanımır və düzgün dua etmirlər. Onlar əsrlər boyu səhv bəyanlar edirlər. Hesablama aparmasanız da, aydındır ki, bu bəyan etmələr əsrlər boyunca milyonlarla dəfə səslənmişdir. Məhz buna görə bütün bu regionda dini qüvvə bu qədər böyükdür. Bunun səbəbi nədir? Güman edirəm ki, bu, həmin bəyan etmənin gücü ilə bilavasitə bağlıdır. Bu prinsip həm müsbət, həm də mənfi bəyan etmələrə tətbiq olunur. Mənfi bəyan etmələrin toplanmış gücünə qalib gəlmək üçün biz onlara qarşı müsbət bəyanlar etməliyik. Əgər siz bunun faydasız olacağını fikirləşirsinizsə, Musanın Misir sehrbazlarına qarşı çıxmasını yada salın. Harun əsanı yerə atanda o, ilan oldu. Sehrbazlar da bunu etdi, ancaq Harunun ilanı Misir sehrbazlarının ilanlarının hamısını yedi (Çıxış 7:10-12). Əgər biz bəyanı düzgün ediriksə, bu, hər bir mənfi bəyana üstün gələcək.

İndi mən İsrailə və onun torpağına aid iki ayəyə diqqət yetirmək istəyirəm. Birincisi Zəbur 125:3-dür:

"Salehlərin payı üstündə şər insanların dəyənəyi hökm sürə bilməz".

Burada *"günahkarların dəyənəyi"* Allaha, Onun adamlarına və Onun məqsədlərinə qarşı çıxan istənilən qüvvə ilə təmsil edilir. Hər şey tamamilə əks görünəndə siz inamla, bu ayəni xüsusilə bəyan etməlisiniz. Əslində bu, həmin bəyanı etmək üçün ən yaxşı vaxtdır! Siz öz səlahiyyət əsanızı uzadırsınız və sizin əsanız (və ya ilan) sehrbazların bütün ilanlarını yeyəcək.

Məsihçilik və ona zidd olan qüvvələr haqqında

İsrailə dair ikinci bəyan Zəbur 129:5-6-dır:

"Siona nifrət bəsləyənlərin hamısı qoy xəcalət içində geri qovulsun. Qoy cücərmədən solsunlar, damda bitən ot kimi olsunlar!"

Mən rəsmi xəbərdar edirəm: Siona nifrət edənlərin hamısı heç vaxt böyüyüb tam yetkin olmayacaqlar; onlar tam böyüməzdən əvvəl solacaqlar. Bunu Allahın Kəlamı deyir və bu, belə də olacaq.

İsrailin bərpası haqqında daha bir ayəni sizə çatdıra maq istəyirəm:

"Rəbb belə deyir: Yaqubu sevinclə tərənnüm edin, millətlərin başçısı üçün səs qaldırın! Ucadan həmd edib bildirin! "Ya Rəbb, xalqını, İsraildən sağ qalanları xilas et!" deyin"

(Yeremya 31:7).

Bu ayədəki fellərə fikir verin: tərənnüm edin, səs qaldırın, həmd edin, bildirin və deyin.

Biz bunların hamısını edə bilərik. Sonra 10-cu ayə deyir: "Ey millətlər, Rəbbin sözünü eşidin, uzaqlardakı adalarda bəyan edib deyin:

"İsraili səpələyən onu bir yerə toplayacaq, sürüsünü qoruyan çoban kimi onu qoruyacaq".

Allahın Kəlamını bəyan edin

Biz bu həqiqəti bütün millətlərə aid bəyan edə bilərik. İsraili millətlər arasına yaymış Allah indi onları bir yerə toplayır. Allahın adamları kimi, biz Kəlamdakı həqiqətin həyata keçməsinə qədər bəyan edə bilərik.

Bəyan ifadələri

Fəsil 15

Bu bəyan ifadələrindən necə istifadə etmək olar

Bu bölmənin əvvəlində mən sizə bir məsləhət vermək istəyirəm, Rut və mən nikahımızın iyirmi ili ərzində bu bəyan ifadələrindən həm cəmiyyətdə, həm də təklikdə istifadə etmişik.

Bu bəyan ifadələrindən asanlıqla istifadə etməyiniz üçün onlar kateqoriya ilə təşkil edilir. Onların sayı yüzdən çoxdur. Beləliklə, əgər siz hər gün bir bəyan ifadəksindən istifadə etmək istəsəniz, onda dörd ay ərzində kifayət qədər bəyan ifadəniz olacaq. Sonra siz yenidən başlaya bilərsiniz.

Məsələn, gəlin "Allahın müdafiəsinə əminlik" adlı bəyan ifadəsinə nəzər salaq (bu kitabın sonunda bu mövzu yenidən qeyd edilir). Rut və mən müntəzəm olaraq bu bəyan ifadəsini edirdik və onun bizim həyatımıza böyük fayda gətirdiyini görmüşük.

Allahın Kəlamını bəyan edin

Həqiqətləri bəyan edən azad olmuş, Allahın hüzurunu xüsusilə yaşamış adamlardan illər boyu bir çox şəhadətlər almışıq.

Mən bu kitabda verilən bu və bütün başqa bəyan ifadələrini götürməyə və onların üzərində fikirləşməyə, onları öz həyatınızda imanla tətbiq etməyə sizi həvəsləndirirəm. Səhər oyananda və gecə yuxuya getməzdən əvvəl siz onlardan istifadə edə bilərsiniz.

Mən güman edirəm ki, əslində sadəcə oxumaq deyil, ucadan demək onları daha təsirli edir. Ruhunuza hopsunlar deyə, onları dəfələrlə təkrar etmək yaxşıdır.

ALLAHIN MÜDAFİƏSİNƏ ƏMİNLIK

"Mənə qarşı işlənən heç bir silah işə yaramayacaq. Məhkəmədə məni taqsirləndirən hər kəsi taqsirkar çıxaracağam. Mənim irsim belədir, çünki mən Rəbbə qulluq edirəm. Mənim salehliyim Səndən gəlir, ey Ordular Rəbbi!"[1].

"Mənə qarşı danışan və ya mənə qarşı dua edən, yaxud mənə pislik etməyə çalışan, məni rədd edən adamlar varsa, mən onları bağışlayıram (onları tanıyırsınızsa, adlarını çəkin). Onları bağışlayandan sonra mən onlara İsanın adı ilə xeyir-dua verirəm"[2].

---

1 Yeşaya 54:17 bax.
2 Matta 5:43-45; Romalılara 12:14 bax.

Bu bəyan ifadələrindən necə istifadə etmək olar

İndi mən bəyan edirəm, ey Rəbb: Sən və yalnız Sən mənim Allahımsan və Səndən başqa allah yoxdur; Sən ədalətli Allah və Xilaskarsan! Ata, Oğul və Müqəddəs Ruh – mən Sənə ibadət edirəm!

Bu gün özümü tam itaətkarlıqda Sənə yenidən həsr edirəm. Ey Rəbb, özümü Sənə həsr etdiyimə görə Sənin Kəlamın məni necə istiqamətləndirirsə, elə edirəm. Mən iblisə, onun bütün təzyiqlərinə, hücumlarına, yalanlarına və mənə qarşı istifadə etdiyi hər cür vasitə və ya qüvvəyə müqavimət göstərirəm. Mən tabe olmuram! Mən İsanın adı ilə ona müqavimət göstərirəm, onu özümdən uzaqlaşdırır və onu yaxın buraxmıram.

Xüsusilə mən zəifliyi, infeksiyanı, ağrını, iltihabı, bədxassəli olanı, allergiyanı, virusları, _____[3], cadunu, gərginliyi rədd edirəm və dəf edirəm.

Nəhayət, Rəbb, mən Sənə təşəkkür edirəm ki, çarmıxda İsanın qurbanı sayəsində mən lənətdən İbrahimə verdiyin böyük xeyir-duaya keçmişəm: fərəh, sağlamlıq, nəsil vermə qabiliyyəti, çiçəklənmə, qələbə, Allahın himayəsi və Allah ilə dostluq[4]. Amin.

---

3 Sizə qarşı olan xəstəliklər və ya ruhların adını çəkin.
4 Qalatiyalılara 3:13-14; Yaradılış 24:1, 2 Salnamələr 20:7 bax.

Allahın Kəlamını bəyan edin

Növbəti ayələrin bəyan ifadələri öz təcrübəmizdə yoxlanmış və sınaqdan keçirilmişdir. Əzbərlədiyimiz ayələr Müqəddəs Ruhun istiqamətləndirməsi ilə seçilmişdir. Müqəddəs Kitabın ayəsində sözlərin ardıcıllığını dəyişməyimiz (*) işarəsi ilə göstərilir.

Bir müddətdən sonra, ola bilsin, Müqəddəs Ruh sizə başqa ayələri xüsusi yolla canlandıracaq. Hər bölmənin sonunda boş sətirlər sizin şəxsi dualarınız və bəyan ifadələrinizi yazmaq üçündür.

Mən dua edirəm ki, bu ayələr bizə faydalı olduğu kimi sizə də faydalı olsunlar. Onlar bizi məğlubiyyətdən qələbəyə apardılar!

Fəsil 16

Rəbbin qorxusu

Rəbb qorxusu hikmətdir,
pislikdən çəkinmək müdriklikdir

                                                  (Əyyub 28:28).

"Ya Rəbb, yalnız Sənə güvənirəm.
Dedim: «Allahımsan Sən».
Mənim hər anım Sənin əlindədir.
Xeyirxahlığın nə qədər böyükdür!
Bunu Səndən qorxanlar üçün saxladın.
Bütün bəşər övladları qarşısında
Sənə pənah gətirənlərə xeyirxahlıq etdin.
Onları insanların qəsdlərindən hüzurunda sığındırırsan,
böhtançı dillərə qarşı çardağında gizlədirsən"

                                   (Zəbur 31:14-15a, 19-20).

Allahın Kəlamını bəyan edin

*"Gəlin, ey övladlar, məni dinləyin,
Rəbb qorxusunu sizə öyrədim:
Kim həyatdan kam almaq istəyirsə,
uzun ömür sürüb xoş gün görmək istəyirsə,
qoy dilini şərdən,
ağzını fırıldaq üçün işlətməkdən qorusun,
qoy şərdən çəkinib yaxşılıq etsin, sülhü axtarıb ardınca getsin!"*

(Zəbur 34:11-14).

*"Rəbb qorxusu hikmətin başlanğıcıdır,
buna əməl edənlərin sağlam düşüncəsi vardır.
Ona əbədi olaraq həmdlər olsun!"*

(Zəbur 111:10).

*"Rəbb qorxusu biliyin başlanğıcıdır,
amma səfehlər hikmət və tərbiyəyə xor baxar"*

(Süleymanın Məsəlləri 1:7).

*"Rəbb qorxusu pisliyə nifrət etməkdir,
lovğalığa, təkəbbürə, pis yola,
hiyləli dilə nifrət edərəm"*

(Süleymanın Məsəlləri 8:13).

Rəbbin qorxusu

*"Rəbb qorxusu hikmətin başlanğıcıdır,
müqəddəsi tanımaq idraklı olmaqdır.
Hikmətin vasitəsilə ömrün-günün çoxalar,
həyatına illər əlavə olar"*

       (Süleymanın Məsəlləri 9:10-11).

*"Rəbdən qorxan tam arxayındır,
çünki Rəbb onun övladlarının pənahıdır.
Rəbb qorxusu həyat qaynağıdır,
insanı ölüm tələsinə düşməkdən geri qaytarır"*

       (Süleymanın Məsəlləri 14:26-27).

*"Rəbb qorxusu insana həyat verər,
ona şər yaxınlaşmaz, tox yatar"*

       (Süleymanın Məsəlləri 19:23).

*"İtaətkarlığın və Rəbb qorxusunun nəticəsi sərvət,
şərəf, həyatdır"*

       (Süleymanın Məsəlləri 22:4).

Şəxsi dua və bəyan ifadələri

Fəsil 17

Salehlik və müqəddəslik

"Buna görə bu qədər böyük şahidlər buludu ilə əhatə olunduğumuz üçün biz hər bir yükü və bizi asanlıqla çaşdıran günahı tərk edib qarşımızdakı yarışda dözümlə qaçaq. Gözümüzü imanımızın Banisi və Kamilləşdiricisi olan İsaya dikək. O, qarşısına qoyulan sevincə görə rüsvayçılığı heç sayıb çarmıxa çəkilməyə tab gətirdi və Allahın taxtının sağında oturdu.

Lakin biz Sion dağına, var olan Allahın şəhərinə – səmavi Yerusəlimə, saysız-hesabsız mələklərə, göylərdə adları qeyd edilmiş ilk doğulanların ümumi məclisinə və cəmiyyətinə, hamının Hakimi olan Allaha, kamala çatmış salehlərin ruhlarına, Yeni Əhdin Vasitəçisi olan İsaya və Habilin qanından daha üstün söz deyən səpilmiş qana yaxınlaşdıq"

(İbranilərə 12:1-2, 22-24*).

Allahın Kəlamını bəyan edin

"Dua edirəm ki, məhəbbətiniz bilik və hər cür idrak baxımından get-gedə daha çox artsın, siz Məsihin zühur edəcəyi gün pak və nöqsansız, Allahın izzəti və mədhi üçün İsa Məsihdən gələn salehlik bəhrələri ilə dolu olmaq üçün ən ali dəyərləri ayırd edə biləsiniz"
(Filipililərə 1:9-11).

*"Kim öz səhvlərini duya bilər?
Məni gizli təqsirlərimdən təmizlə.
Qulunu aşkar günahlardan qoru,
qoyma onların hökmü altında qalım.
Onda kamilliyə çataram,
bütün itaətsizliklərdən ayrılaram.
Ağzımdan çıxan sözlər,
qəlbimdəki düşüncələr hüzurunda qəbul olunsun.
Ya Rəbb, ey Qayam və Satınalanım!"*
(Zəbur 19:12-14).

"Amma o zaman gəlir və artıq gəlib ki, həqiqi ibadət edənlər Ataya ruhda və həqiqətdə ibadət etsin. Ata da Özünə belə ibadət edənlər axtarır. Allah ruhdur və Ona ibadət edənlər ruhda və həqiqətdə ibadət etməlidir»"
(Yəhya 4:23-24).

"Tam hikmət və ruhani idrakla Allahın iradəsini bütünlüklə qavramağımız üçün dua edirik. Dua edirik

Salehlik və müqəddəslik

ki Rəbbə layiq şəkildə həyat sürərək, Onu hər cəhətdən razı salaq və hər cür xeyirli əməldə bəhrə verək, Allahı tanımaqda böyüyək, hər şeyə dözək, səbir edək, Onun izzətli qüvvəsinə güvənək, hər cür qüdrətlə möhkəmlənək, müqəddəslərin nurda olan irsinə şərik olaq, bizə səlahiyyət verən Ataya sevinclə şükür edək.

O, bizi zülmət hakimiyyətindən xilas edib Öz sevimli Oğlunun Padşahlığına köçürtdü. Oğlunda satınalınmaya – günahlarımızın bağışlanmasına malikik"

(Kolosselilərə 1:9-14*).

"Oğlum, əgər sözlərimi qəbul etsən,
əmrlərimi qorusan,
qulağını hikmətə tərəf çevirsən,
ürəyini dərrakəyə tərəf meyl etdirsən,
sən, həqiqətən,
idrakı çağırsan, səs ucaldıb dərrakəni səsləsən,
bunları gümüş kimi axtarsan,
gizli xəzinə kimi arasan,
onda Rəbb qorxusunu anlayarsan,
Allahı tanıyarsan"

(Süleymanın Məsəlləri 2:1-5).

Allahın Kəlamını bəyan edin

*"Qoy sülh qaynağı olan Allahın Özü sizi tamamilə təqdis etsin və Rəbbimiz İsa Məsihin zühurunda ruhunuz, canınız və bədəniniz nöqsansız olaraq qorunsun.
Sizi çağıran Allah sadiqdir və bunu edəcək"*

(1 Saloniklilərə 5:23-24).

*"Pislərin məsləhəti ilə getməyən,
günahkarların yolunda dayanmayan,
rişxəndçilərin arasında oturmayan insan nə bəxtiyardır!
O ancaq Rəbbin Qanunundan zövq alar,
gecə-gündüz bu təlimatı dərin düşünər.
Axar sular kənarında əkilən ağac kimi
barını mövsümündə verər, yarpağı solmaz,
etdiyi hər işdə uğur qazanar"*

(Zəbur 1:1-3).

*"Uca və əzəmətli, əbədi yaşayan,
adı Müqəddəs Olan belə deyir:
«Mən yüksək və Müqəddəs yerdə yaşadığım halda
Ruhu əzilənlərlə, özünü aşağı tutanlarla birlikdəyəm ki,
özünü aşağı tutanların ruhunu dirildim,
əzilmişlərin ürəyini dirçəldim"*

(Yeşaya 57:1-5).

Salehlik və müqəddəslik

*"Mən özünü aşağı tutan və ruhu əzilmiş insana,
Sözümün önündə titrəyənə nəzər salaram"*

(Yeşaya 66:2b).

"Allahın seçilmişləri olan bizlər müqəddəsləri və sevimliləri kimi ürək mərhəməti, xeyirxahlıq, itaətkarlıq, həlimlik və səbrə bürünürük. Bir-birimizə dözürük və birimizin digərindən şikayəti varsa, bağışlayırıq. Rəbb bizi bağışladığı kimi biz də bağışlayırıq.

Bütün bunlardan əlavə, kamil birliyin bağı olan məhəbbətə bürünürük. Məsihin sülhü ürəklərimizdə münsiflik edir, çünki bir bədənin üzvləri kimi bu sülhə dəvət olunduq.

Həmçinin biz şükür edirik! Aramızda Məsihin kəlamı bütün zənginliyi ilə yaşasın. Bir-birimizə tam müdrikliklə təlim və nəsihət veririk, məzmurlar, ilahilər və ruhani nəğmələr söyləyib ürəklərimizdə Allaha minnətdar ola-ola nəğmə oxuyuruq.

Dediyimiz və etdiyimiz hər şeyi Rəbb İsanın adı ilə edirik, Onun vasitəsilə Ata Allaha şükür edirik"

(Kolosselilərə 3:12-17*).

Allahın Kəlamını bəyan edin

"Allahın bütün insanlara xilas gətirən lütfü zühur etdi. Bu lütf bizə allahsızlığı və dünyəvi ehtirasları rədd edib, bu dövrdə ağıllı-kamallı, saleh və möminliyə uyğun bir ömür sürməyi öyrədir. Bu ərəfədə bəxtiyarlıq gətirən ümidimizin gerçəkləşməsini, ulu Allah və Xilaskarımız İsa Məsihin izzətinin zühurunu gözləyək. O Özünü bizim üçün fəda etdi ki, bizi hər cür qanunsuzluqdan satın alsın, təmizləyib Özünə məxsus və yaxşı işlərə səy göstərən bir xalq yaratsın" (Titə 2:11-14).

"Ey sevimlilər, bir-birimizi sevək, çünki məhəbbət Allahdandır. Sevən hər kəs də Allahdan doğulub və Allahı tanıyır.

Sevməyən kəs Allahı tanımır, çünki Allah məhəbbətdir.

Allahın bizə olan məhəbbəti belə zahir oldu: Allah Öz vahid Oğlunu dünyaya göndərdi ki, biz Onun vasitəsilə yaşayaq.

Məhəbbət bizim Allahı sevməyimizlə bağlı deyil, amma bundan ibarətdir: O bizi sevdi və Öz Oğlunu bizim günahlarımıza görə kəffarə qurbanı olaraq göndərdi.

Ey sevimlilər, Allah bizi bu cür sevdiyi üçün biz də gərək bir-birimizi sevək...

Biz Allahın bizə olan məhəbbətini anlayıb buna inandıq. Allah məhəbbətdir. Kim məhəbbətdə qalarsa, Allahda qalar, Allah da onda qalar"

(1 Yəhya 4:7-11, 16).

Salehlik və müqəddəslik

"İndi salehlik tacı mənim üçün hazır durur. Ədalətli Hakim olan Rəbb qiyamət günü onu mənə – yalnız mənə deyil, Onun zühuruna can atanların hamısına verəcək"

(2 Timoteyə 4:8).

*"«Nə bəxtiyardır ruhən yoxsullar!
Çünki Səmavi Padşahlıq onlarındır.
Nə bəxtiyardır yaslı olanlar!
Çünki onlar təsəlli tapacaq.
Nə bəxtiyardır həlimlər!
Çünki onlar yer üzünü irs alacaq.
Nə bəxtiyardır salehlik üçün acıb-susayanlar!
Çünki onlar doyacaq.
Nə bəxtiyardır mərhəmətli olanlar!
Çünki onlara mərhəmət ediləcək.
Nə bəxtiyardır ürəyi təmiz olanlar!
Çünki onlar Allahı görəcək.
Nə bəxtiyardır sülhyaradanlar!
Çünki onlar Allahın övladları adlanacaq.
Nə bəxtiyardır salehlik uğrunda təqib edilənlər!
Çünki Səmavi Padşahlıq onlarındır.
İnsanlar Mənə görə sizi təhqir edib təqib edəndə, yalan söyləyib sizə hər cür böhtan atanda siz nə bəxtiyarsınız!
Sevinin və şadlanın! Çünki göylərdə mükafatınız böyükdür. Axı sizdən qabaq gələn peyğəmbərləri də belə təqib ediblər"*

(Matta 5:3-12).

Şəxsi dua və bəyan ifadələri

Fəsil 18

Sağlamlıq və qüvvə

Məgər sən bilmirsən?
Məgər eşitməmisən?
Rəbb əbədi Allahdır,
Odur bütün dünyanı yaradan.
Nə yorulur, nə taqətdən düşür,
Onun ağlı dərkedilməzdir.
O, yorğunlara güc verər,
taqətsizlərin qüvvətini artırar.
Hətta cavanlar yorular, taqətdən düşər,
igidlər əldən düşüb titrəyər.
Rəbbə ümid bağlayanlarsa yeni qüvvət alar,
qanad açıb qartal kimi yüksəklərə uçar,
qaçanda taqətdən düşməzlər, yol gedib yorulmazlar"

(Yeşaya 40:28-31).

Allahın Kəlamını bəyan edin

*"Mən zəif olanda Allahın qüvvəsi məndə tam olur.
Beləliklə, mən zəifləyəndə qüvvətlənirəm"*
  (2 Korinflilərə 12:9-10).

*"Biz salehlər xurma ağacı kimi göyərir,
Livandakı sidr ağacı kimi böyüyürük.
Biz Rəbbin evində əkilib,
Allahımızın həyatində göyəririk.
Qocalanda da bar verəcəyik,
Təravətli, yamyaşıl qalacağıq, belə deyəcəyik:
«Rəbb haqdır, O mənim qayamdır,
Onda haqsızlıq yoxdur»"*
  (Zəbur 92:12-15*).

*"Mənsə hər zaman Sənə ümid bağlayacağam,
Sənə həmd oxuduqca oxuyacağam.
Gün boyu salehliyini, qurtuluşunu dilim bəyan edir,
Onun ölçüsünü bilməsəm də. Ey Xudavənd Rəbb,
qüdrətinlə dolanıb-gəzəcəyəm,
Sənin, yalnız Sənin salehliyini bəyan edəcəyəm.
Ey Allah, gəncliyimdən bəri mənə təlim vermisən,
Sənin xariqələrini indiyədək bəyan edirəm.
Yaşa dolub saçıma dən düşənə qədər
gələcək nəslə qüvvətini, gələcək nəslin
hər birinə qüdrətini bəyan edəcəyəm.
Ey Allah, məni tərk etmə"*
  (Zəbur 71:14-18*).

Sağlamlıq və qüvvə

*"Oğlum, sağlam şüura, dərrakəyə bağlan,
bunlardan gözünü çəkmə. Onlar sənin həyatın olar,
gözəl naxış kimi boynuna bağlanar.
O zaman rahat gəzərsən, ayaqların büdrəməz.
Qorxusuz, rahat yatarsan, şirin yuxu taparsan.
Qəfil fəlakətdən, pislərə gələn bəladan qorxma.
Çünki güvəndiyin Rəbdir, O qoymaz ki,
sən tələyə düşəsən"*

(Süleymanın Məsəlləri 3:21-26).

"Mən daxilimdə mənə qüvvət verən Məsih vasitəsilə hər işə gücüm çatır"[5]

(Filipililərə 4:13).

*"Rəbb Öz xalqına qüvvət verir.
O, xalqına firavanlıq və bərəkət verir"*

(Zəbur 29:11).

*"Müqəddəs məkanında olan ey Allah, zəhmlisən!
İsrailin Allahı Öz xalqına qüdrət, qüvvət verir.
Allaha alqış olsun!"*

(Zəbur 68:35).

---

5   Yunan dilindən birbaşa tərcümə.

Allahın Kəlamını bəyan edin

*"Oğlum, sözlərimə fikir ver, dediklərimə qulaq as.
Onları gözlərinin önündən ayırma, Onları ürəyində qoru.
Çünki onları tapanlar həyat və cansağlığı tapar.
Hər şeydən əvvəl öz ürəyini qoru,
çünki həyat çeşməsi odur"*

(Süleymanın Məsəlləri 4:20-23).

*"Rəbb Ruhdur, Rəbbin Ruhu haradadırsa, azadlıq da oradadır.
Biz hamımız niqabsız üzdə Rəbbin ehtişamını əks etdirərək Rəbbin surətinə dəyişilirik. Ruh olan Rəbdən yaranan bu ehtişam get-gedə bizdə görünməyə başlayır"*

(2 Korinflilərə 18-3:17).

Şəxsi dua və bəyan ifadələri

Fəsil 19

İstiqamət, müdafiə və qoruyub-saxlamaq.

*"Rəbb səni hər cür şərdən saxlayar, canını qoruyar.
Rəbb gediş-gəlişini hifz edər indidən sonsuza qədər"*

(Zəbur 121:7-8).

*"Oranın yolunu yırtıcı quşlar bilmir,
şahinin gözü oranı görməyib.
Ora məğrur heyvanların ayağı dəyməyib,
yırtıcı aslanlar oradan keçməyib.
O bütün canlıların gözündən uzaqdır,
göydə uçan quşlardan belə, gizli qalır"*

(Əyyub 21 ,8-28:7).

*"Rəbdir nurum, qurtuluşum!
Mən kimdən qorxum?
Rəbdir ömrümün qalası, Mən kimdən vahimələnim?
Ətimi yemək üçün hücum edən şər adamlar –*

Allahın Kəlamını bəyan edin

Yağılarım, düşmənlərim büdrəyərək yıxılarlar.
Bir ordu qarşımda düzülsə belə, ürəyim qorxmaz,
mənimlə döyüşsələr də, arxayınam.
Rəbdən bir arzum, bir istəyim var:
bütün ömrüm boyu Rəbbin evində yaşayım,
Məbədində Rəbbin camalına baxım, Ona pərəstiş edim.
Dar gündə məni çardağında gizlər,
çadırının örtüyü ilə örtər,
qaya başındakı yüksək yerə gətirər.
İndi ətrafımdakı düşmənlərimin üzərində
qələbələr çalacağam,
Rəbbin çadırında şənlik qurub qurbanlar kəsəcəyəm,
Onu ilahilərlə tərənnüm edəcəyəm"

(Zəbur 27:1-6).

"Budur, Mən yolda sizi qorumaq və hazırladığım yerə gətirmək üçün qarşınızda bir Mələk göndərirəm. Onun hüzurunda ehtiyatlı olun və səsinə qulaq asın. Ona qarşı üsyan qaldırmayın, O, itaətsizliyinizi bağışlamaz, çünki Mənim adım onun üzərindədir.
Əgər Onun səsinə qulaq asıb dediyimə əməl etsəniz, onda Mən sizin düşmənlərinizə düşmən, yağılarınıza isə yağı olacağam.

Mələyim qarşınızda gedəcək və sizi Emorluların, Xetlilərin, Perizlilərin, Kənanlıların, Xivlilərin və Yevusluların yanına gətirəcək; Mən onları silib atacağam.

İstiqamət, müdafiə və qoruyub-saxlamaq.

Onların allahlarına səcdə etməyin, onlara ibadət etməyin və qaydalarına əməl etməyin. O allahları dağıdıb yox edin, onların daş sütunlarını parça-parça etməlisiniz. Siz isə Allahınız Rəbbə xidmət edin, O da çörəyinizə və suyunuza bərəkət verəcək; sizin daxilinizdən xəstəliyi yox edəcəyəm. Ölkənizdə nə uşaq salan, nə də sonsuz qadın olacaq. Ömrünüzü də uzun edəcəyəm.

Öz dəhşətimi qarşınızca göndərirəm. Sizin aralarına getdiyiniz bütün xalqlara qarışıqlıq salacağam və bütün düşmənlərinizin dönüb sizdən qaçmasına bais olacağam"

(Çıxış 23:20-27).

"Ölməyib sağ qalacağam,
Rəbbin işlərini bəyan edəcəyəm"

(Zəbur 118:17).

"Evi Rəbb tikməzsə,
bənnaların zəhməti boşa gedər.
Şəhəri Rəbb qorumazsa,
keşikçilər boş yerə orada gözlər"

(Zəbur 127:1).

"Bütün qəlbinlə Rəbbə güvən,
öz idrakına etibar etmə.
Bütün yollarında Onu tanı,
O sənin yollarını düzəldər.
Öz gözündə özünü hikmətli sanma,

Allahın Kəlamını bəyan edin

Rəbdən qorx, şərdən çəkin.
Bu, bədəninə şəfa verər, sümüklərinə ilik olar"
(Süleymanın Məsəlləri 3:5-8).

"Bu Qanun kitabının sözləri dilindən düşməsin, orada yazılan hər şeyə dəqiq əməl etmək üçün gecə-gündüz onun üzərində düşün. Onda yolun uğurlu olacaq və müvəffəqiyyət qazanacaqsan. 9 Sənə möhkəm və cəsarətli olmağı əmr edən Mən deyiləmmi? Qorxma və ruhdan düşmə, çünki Allahın Rəbb gedəcəyin hər yerdə səninlədir»"
(Yeşua 1:8-9).

"Rəbb xeyirxahdır,
dar gündə sığınacaqdır,
Ona güvənənləri tanıyır"
(Nahum 1:7).

"Ya Rəbb, bəxtiyar o insandır ki, ona təlim vermisən,
Öz qanununu öyrətmisən!
Pislər üçün qəbir qazılanadək onu dar gündən çıxarıb dinclik verəcəksən"
(Zəbur 94:12-13).

"Qorxma, çünki Mən səninləyəm,
dəhşətə gəlmə, çünki Allahın Mənəm.
Səni qüvvətləndirəcəyəm, sənə kömək edəcəyəm.
Sadiq sağ əlimlə sənə dayaq olacağam"
(Yeşaya 41:10).

İstiqamət, müdafiə və qoruyub-saxlamaq.

"Sizin barənizdə olan fikirlərimi Özüm bilirəm"
Rəbb belə bəyan edir.
"Mən sizin pisliyinizi deyil,
salamatlığınız barədə düşünürsən ki,
sizə ümidli bir gələcək verim"

(Yeremya 29:11).

"Allahın yolu kamildir,
Rəbbin kəlamı safdır,
Rəbb Ona sığınanların sipəridir"

(Zəbur 18:30).

"Rəbb məni hər cür pis əməldən qurtaracaq
və Öz Səmavi Padşahlığı üçün xilas edəcək.
Ona əbədi olaraq izzət olsun! Amin"

(2 Timoteyə 4:18).

"Möhkəm təzyiq altında yıxılmağıma az qalmışdı,
lakin Rəbb imdadıma çatdı.
Rəbb qüvvətim, məzmurumdur,
O məni xilas etdi! Salehlərin çadırlarından
zəfər nidası yüksəlir:
«Rəbbin sağ əli qüdrətli işlər göstərir!
Rəbbin sağ əli necə əzəmətlidir!
Rəbbin sağ əli qüdrətli işlər göstərir!»
Ölməyib sağ qalacağam,
Rəbbin işlərini bəyan edəcəyəm.

Allahın Kəlamını bəyan edin

*Rəbb mənə möhkəm cəza verdi,
amma məni ölümə təslim etmədi"*

(Zəbur 118:13-18).

*"Rəbbin məhəbbətinə görə məhv olmadıq,
çünki mərhəməti tükənməzdir.
Hər səhər bunlar təzələnir, Sənin sədaqətin böyükdür.
Öz-özümə deyirəm: «Rəbb mənim nəsibimdir»,
ona görə Rəbbə ümid bəsləyirəm.
Rəbb Ona güvənənlərə,
Onu axtaran könüllərə xeyirxahdır.
Rəbbə ümid bəsləmək,
sakitcə bizə qurtuluş verməsini gözləmək nə yaxşıdır"*

(Mərsiyələr 3:22-26).

*"Sənə pənah gətirənlər qoy sevinsin,
qoy Səni daima mədh etsinlər,
çünki onları Sən qoruyursan.
Sənin adını sevənlər sevincdən cuşa gəlsin!
Ya Rəbb, salehə xeyir-dua verirsən,
lütfünlə sipər kimi onları hifz edirsən"*

(Zəbur 5:11-12*).

Şəxsi dua
və bəyan ifadələri

Fəsil 20

İnsanın işlərinə Allahın müdaxiləsi

"«Allahın adı əbədi olaraq izzətlənsin!
Çünki hikmət və qüdrət Ona məxsusdur.
Vaxtı və dövrü dəyişdirən Odur.
Padşahları taxtdan salar və taxta qoyar,
müdriklərə hikmət, aqillərə ağıl verər.
Dərin və gizli sirləri O açar, qaranlıqda qalanı O bilər.
İşıqla əhatə olunan Odur.
«O günlərin sonunda mən Navuxodonosor üzümü
göylərə tutdum və ağlım başıma qayıtdı.
Allah-Taalaya həmd etdim,
Əbədi Yaşayanı mədh edib izzətləndirdim.
Onun hökmranlığı əbədidir, padşahlığı nəsildən-nəslə qalır.
Dünyada yaşayanların hamısı heç bir şey sayılır.
O həm səma ordusunun,
həm də dünyada yaşayanların arasında

Allahın Kəlamını bəyan edin

*Öz hökmünü yeridir. Onun əlini saxlayacaq
yaxud Ona "Nə edirsən?" deyəcək bir kəs yoxdur"*
(Daniel 2:20-22, 4:34-35).

*"İman vasitəsilə, lütflə xilas oldunuz. Bu, sizin
nailiyyətiniz deyil, Allahın hədiyyəsidir. Əməllərlə deyil
ki, heç kim öyünə bilməsin. Çünki biz Allahın yaratdığı
əsərlərik, əvvəlcədən hazırladığı yaxşı əməllərinə görə
həyat sürmək üçün Məsih İsada yaradıldıq"*
(Efeslilərə 2:8-10).

*"Məhəbbətinlə Sənə sığınanlara xariqələrini göstər,
sağ əlinlə onları düşmənlərdən qurtar.
Məni göz bəbəyin kimi qoru,
qanadlarının kölgəsində saxla məni dara salan
şər insanlardan,
ətrafımı bürüyən, canıma düşmən olanlardan"*
(Zəbur 17:7-9).

*"Ya Rəbb, güclülər arasında gücsüzəm, yardım edəcək
Səndən başqası yoxdur. Ya Rəbb Allahımız, bizə yardım
et, çünki Sən bizim dayağımızsan və Sənin isminlə bu
qoşunun üstünə gəlmişik. Ya Rəbb, Allahımız Sənsən,
qoy insan Sənə üstün gəlməsin"*
(2 Salnamələr 14:11).

İnsanın işlərinə Allahın müdaxiləsi

*"Ya Rəbb, atalarımızın Allahı, göylərdə olan Allah Sən deyilsənmi?
Bütün millətlərin padşahlıqları üzərinə hakim olan Sən deyilsənmi? Qüdrətlə qüvvət Sənin əlindədir və heç kim Sənə qarşı dura bilməz"*

(2 Salnamələr 20:6).

"Özünüzü həbsdə olanların yerinə qoyaraq onları yada salın. Əzab-əziyyət içində olanları da elə xatırlayın ki, sanki özünüz onlarla birgə əzab-əziyyət çəkirsiniz"

(İbranilərə 13:3).

*"Filadelfiyada olan cəmiyyətin mələyinə yaz:
Müqəddəs və Haqq Olan, Davudun açarının Sahibi,
açdığını heç kəs bağlamayan,
bağladığını heç kəs açmayan belə deyir:
sənin əməllərindən xəbərdaram.
Bax Mən sənin üzünə elə bir qapı açmışam ki,
heç kəs onu bağlaya bilməz.
Gücün az olduğu halda Mənim sözümə riayət etmisən
və Mənim adımdan imtina etməmisən"*

(Vəhy 3:7-8).

*"Siona nifrət bəsləyənlərin hamısı
qoy xəcalət içində geri qovulsun!
Qoy cücərmədən solsunlar, damda bitən ot kimi olsunlar!"*

(Zəbur 129:5-6).

Allahın Kəlamını bəyan edin

"Ey Xudavənd, bu şəhəri alt-üst et, oradakıların dillərinə ayrılıq sal" (Zəbur 55:9).

"Salehlərin payı üstündə şər insanların dəyənəyi hökm sürə bilməz, yoxsa salehlər də şərə əl atardı"
(Zəbur 125:3).

"Ey Rəbbin hökmünə əməl edən sizlər, ölkədəki itaətkar insanlar, Rəbbə meyl salın! Salehliyə meyl salın! İtaətkarlığa meyl salın! Bəlkə siz Rəbbin qəzəb günündə qurtula bildiniz"
(Sefanya 2:3).

"Rəbb xalqını Öz böyük ismi naminə atmayacaq, ona görə ki İsraili Öz xalqı etmək Rəbbin xoşuna gəlmişdi"
(1 Şamuel 12:22*).

"Qulların İbrahimi, İshaqı, və İsraili xatırla və Özün naminə onlara and edərək "nəslinizi göydəki ulduzlar qədər çoxaldacağam, vəd etdiyim bu ölkənin hamısını nəslinizə verəcəyəm və onlar əbədilik oraya sahib olacaqlar" dedin»"
(Çıxış 32:13).

"Qoy bütün dünya Rəbdən qorxsun, bütün yer üzünün əhalisi Onu şərəfləndirsin. Çünki nə söylədi, mövcud oldu, nə əmr etdi, quruldu.

İnsanın işlərinə Allahın müdaxiləsi

*Rəbb millətlərin məsləhətini puç edər,
xalqların məqsədini heç edər.
Lakin Rəbbin məsləhəti əbədi olar,
ürəyinin məqsədi nəsillər ötsə də, qalar.
Nə bəxtiyardır o millət ki Allahı Rəbdir,
o xalq ki Rəbb onu irs olaraq seçmişdir"*

(Zəbur 33:8-12).

*"Rəbb tərəfimizi saxlamasaydı,
bizə qarşı insanlar qalxarkən Rəbb tərəfimizi saxlamasaydı,
bizə qarşı qəzəblərindən yanarkən bizi diri-diri udardılar,
sular bizi yuyub-apararardı, sellər üstümüzü basardı,
azğın sular üstümüzü basardı.
Alqış olsun Rəbbə! O bizi onların dişlərinə ov etmədi.
Bizi ovçunun tələsindən bir quş kimi qurtardı, tələ qırıldı,
canımız azad oldu. Bizə Rəbbin adından,
göyləri və yeri yaradandan yardım gəlir"*

(Zəbur 124).

*«Hamı Yerusəlim üçün sülh diləsin:
«Qoy səni sevənlər dinc həyat sürsün!
Qoy qala divarlarının içində sülh olsun!
Qoy saraylarındakılar dinc yaşasın!»»*

(Zəbur 122:6-7).

Şəxsi dua
və bəyan ifadələri

Fəsil 21

Yoxlama və sınaqlar

"Rəbbimiz İsa Məsih vasitəsilə bizə qələbə bəxş edən Allaha şükür olsun!
Beləliklə, ey sevimli qardaşlarım, Rəbdə çəkdiyiniz zəhmətin boşa çıxmayacağını bilərək möhkəm durun, sarsılmayın, hər zaman Rəbbin işində səylə çalışın"

(1 Korinflilərə 58-15:57).

"Hər zaman Rəbbə alqış edəcəyəm,
Ona daim mənim dilim həmd edəcək.
Rəblə könlüm fəxr edir, ey məzlumlar, eşidib sevinin!
Gəlin mənimlə birgə Rəbbi müqəddəs tutaq,
Rəbbin ismini birgə ucaldaq. Rəbbə üz tutdum,
O mənə cavab verdi, O hər bir dəhşətdən məni xilas etdi"

(Zəbur 34:1-4).

"Allaha tabe olun.
İblisə qarşı durun və o sizdən qaçacaq"

(Yaqub 4:7).

Allahın Kəlamını bəyan edin

"Bu səbəbdən seçilmişlərə görə, onlar da Məsih İsada olan xilasa əbədi izzətlə bərabər nail olsunlar deyə hər şeyə dözürəm. Bu söz etibarlıdır ki, «Əgər Onunla öldüksə,

Onunla da yaşayacağıq; Əgər dözəriksə, Onunla da birlikdə padşahlıq edəcəyik.

Əgər Onu inkar etsək, O da bizi inkar edəcək. Biz sadiq qalmasaq da, O sadiq qalacaq.

Çünki Öz təbiətinə zidd davrana bilməz»"

(2 Timoteyə 2:10-13).

"Müxtəlif sınaqlarla üzləşəndə bunu böyük bir sevinc hesab edirik. Çünki bilirik ki, imanımızın sınaqdan keçməsi dözüm yaradır.
Dözüm də öz əməlini kamil edir ki, biz yetkin və kamil adamlar olaq, heç bir çatışmazlığımız olmasın"

(Yaqub 1:2-4*).

"Rəbbimiz İsa Məsihin Allahına – Atasına alqış olsun! O Öz böyük mərhəmətinə görə yenidən doğulmağımızı təmin etdi. İsa Məsihin ölülər arasından dirilməsi ilə bizi canlı ümidə, çürüməz, ləkəsiz, solmaz bir irsə qovuşdurdu. Bu irs sizin üçün göylərdə saxlanılır. Siz Allahın qüdrəti ilə axır zamanda aşkar olunmağa hazır olan xilas üçün iman vasitəsilə qorunursunuz.
Buna görə hal-hazırda qısa bir müddət cürbəcür sınaqlarda kədərə düşməyə məcbur olsanız da, hədsiz

Yoxlama və sınaqlar

sevinirsiniz; belə ki imanınızın sınaqdan keçməsi İsa Məsihin zühurunda sizə tərif, izzət və şərəf gətirsin. Bu imanınız odla təmizlənsə belə, fani qızıldan daha çox dəyərlidir. Siz İsa Məsihi görməmisiniz, amma Onu sevirsiniz.
Hətta siz Onu indi də görmürsünüz, lakin Ona iman edib təsvirolunmaz və izzətli sevinclə hədsiz sevinirsiniz. Çünki imanınızın nəticəsində canınızın xilasına nail olursunuz"

(1 Peter 1:3-9).

"Nə xoşbəxtdir o adam ki Rəbbə güvənir,
Rəbbi özünə arxa sayır. O, sular kənarında
Əkilmiş ağac kimi olacaq.
Elə ağac ki çay kənarında kök salar, isti gələndə qorxmaz, yarpağı həmişə yaşıl qalar, quraqlıq olan il qayğı çəkməz, bəhər verməkdən qalmaz"

(Yeremya 17:7-8).

"Əgər Allah bizimlədirsə, kim bizə qarşı dura bilər? O Öz Oğlunu belə, əsirgəməyib Onu hamımızın uğrunda ölümə təslim etdisə, Onunla birgə bütün şeyləri də bizə lütf etməyəcəkmi?
Allahın seçdiyi adamları kim ittiham edə bilər? Onları saleh sayan Allahdır! Məhkum edən kimdir?
Ölmüş, üstəlik dirilmiş Məsih İsa həm Allahın sağındadır, həm də bizim üçün vəsatətçilik edir. Məsihin

Allahın Kəlamını bəyan edin

məhəbbətindən bizi kim ayıra bilər?
Əziyyətmi, sıxıntımı, təqibmi, aclıqmı, çılpaqlıqmı, təhlükəmi, qılıncmı? Necə ki yazılıb: «Biz gün boyu Sənin uğrunda öldürülürük, qurbanlıq qoyunlar sayılırıq».
Lakin bizi Sevənin vasitəsilə bütün bunlarda tam qələbə qazanırıq. Çünki əminəm ki, nə ölüm, nə həyat, nə mələklər, nə başçılar, nə indiki, nə də gələcək şeylər, nə qüvvələr, nə ucalıq, nə dərinlik, nə də başqa bir məxluq bizi Rəbbimiz Məsih İsada olan Allah məhəbbətindən ayırmağa qadir olmayacaq"

(Romalılara 8:31b-39).

Şəxsi dua və bəyan ifadələri

Fəsil 22

Ruhani mübarizə

*"Allah məğrurlara qarşıdır,
itaətkarlara isə lütf göstərər.
Allahın qüdrətli əli altında özümüzü aşağı tutaq,
onda Allah bizi vaxtı çatanda ucaldacaq. Bütün qayğı
yükümüzü Ona ötürək, çünki O bizim qayğınıza qalır.
Ayıq duraq, oyaq olaq. Çünki düşmənimiz olan iblis
nərildəyən və kimisə aşırmaq istəyən aslan kimi dolaşır.
Möhkəm imanla ona qarşı dururuq. Bilirik ki, bütün
dünyada bacı-qardaşlarımız da eyni cür əzab çəkirlər.
Biz qısa bir müddət əzab çəkdikdən sonra bizi İsa Məsihdə
Özünün əbədi izzətinə çağırmış, hər cür lütf verən Allah
Özü bizi bərpa edəcək, möhkəmlədəcək, qüvvətləndirəcək
və sarsılmaz təməlê oturdacaq.
Qüdrət əbədi olaraq Onun olsun! Amin"*

(1 Peter 5:5-11*).

Allahın Kəlamını bəyan edin

"Cismən həyat sürsək də, cismani təbiətə görə döyüş aparmırıq. Ona görə ki döyüş silahlarımız cisimdən düzəldilən silahlar deyil, qalaları dağıdan ilahi qüvvəyə malik silahlardır. Nəzəriyyələri, Allah barədə biliyə qarşı çıxan hər bir səddi yıxıb hər bir düşüncəni əsir edərək Məsihə itaət etdiririk"
(2 Korinflilərə 5-10:3).

"Onlar Quzunun qanı və öz şəhadət sözləri vasitəsilə ona qalib gəldilər.
Hətta ölümlə üzbəüz olanda da öz canlarını sevmədilər"
(Vəhy 12:11).

"Darvazalarının cəftələri dəmirdən, tuncdan olsun, qüvvətin ömrün boyu qurtarmasın!
Ey Yeşurun, bax sənə kömək etmək üçün göylər və buludlara əzəməti ilə minən Allahın bənzəri yoxdur. Pənahgahın əzəli əbədi Allahdır, səni daim qollarında gəzdirər.
Düşmənlərini qarşından qovar, "Yox et onları!" sənə deyər" (Qanunun Təkrarı 33:25-27).

"Mənə qarşı işlənən heç bir silah işə yaramayacaq. Məhkəmədə məni təqsirləndirən hər kəsi təqsirkar çıxaracaqsan. Rəbbə qulluq edən bizlərin irsi belədir. Bizim salehliyimiz Rəbdən gəlir» (Yeşaya 54:17*).

Ruhani mübarizə

"Ya Rəbb, mənimlə çəkişənlərlə Sən çəkiş.
Mənimlə döyüşənlərlə Sən döyüş.
Qalxan və siparini əlinə al, qalx, mənim imdadıma çat.
Nizəni tutub ardımca düşənlərin yolunu kəs,
qəlbimə söylə:
«Səni qurtaran Mənəm»"

(Zəbur 35:1-3*).

Şəxsi dua
və bəyan ifadələri

Fəsil 23

Mükəmməl satınalınma

"Sizi büdrəməkdən qoruyub Öz izzətli hüzuruna böyük sevinclə nöqsansız çıxarmağa qadir olan Xilaskarımız, yeganə Allaha Rəbbimiz İsa Məsih vasitəsilə əzəldən bəri, indi və əbədi olaraq izzət, əzəmət, qüdrət və səlahiyyət olsun! Amin"

(Yəhuda 24-25).

"Rəbbə alqış et, ey könlüm, ey bütün varlığım, Onun müqəddəs adına alqış et!
Rəbbə alqış et, ey könlüm, unutma etdiyi yaxşılıqları:
Odur bütün təqsirlərini əfv edən, Bütün xəstəliklərinə şəfa verən.
Odur həyatını məzara düşməkdən qurtaran, məhəbbətin, mərhəmətin tacını başına qoyan.
Odur ömür boyu səni bərəkəti ilə doyduran, səni təzələyib gənc, gümrah qartala oxşadan"

(Zəbur 103:1-5).

Allahın Kəlamını bəyan edin

"Dua edirəm ki, Rəbbimiz İsa Məsihin Allahı olan izzətli Ata Özünü sizə tanıtmaq üçün hikmət və vəhy ruhunu versin. Qoy O, qəlbinizin gözünü nurlandırsın ki, Onun çağırışından yaranan ümidin nə olduğunu, müqəddəslərə verdiyi irsin izzətinin necə zəngin olduğunu, Onun böyük qüvvəsinin fəaliyyətinə görə iman edən bizlərə sərf etdiyi qüdrətinin hədsiz böyüklüyünün nə olduğunu görəsiniz. Allah bu qüdrətlə Məsihdə elə fəaliyyət göstərdi ki, Onu ölülər arasından dirildib səmada Öz sağında oturtdu və hər başçı, hakim, qüvvə və ağadan, yalnız bu dövrdə deyil, gələcək dövrdə də çəkiləcək hər addan Onu çox yüksəltdi.
Hər şeyi Ona tabe edərək ayaqlarının altına qoydu və Onu hər şey üzərində baş olsun deyə imanlılar cəmiyyətinə verdi. Bu cəmiyyət Onun bədənidir və hər şeyi hərtərəfli Bütövləşdirənin bütövlüyüdür"
(Efeslilərə 1:17-23).

"Əminəm ki, bizdə xeyirli işə başlayan Allah Məsih İsanın zühur edəcəyi günədək bunu başa çatdıracaq"
(Filipililərə 1:6).

"O yalnız bir təqdim vasitəsilə təqdis olunmaqda olan bizləri həmişəlik kamilləşdirdi"
(İbranilərə 10:14*).

Mükəmməl satınalınma

"Məsih İsada olanlara heç bir məhkumluq yoxdur. Çünki həyat verən Ruhun qanunu məni günah və ölüm qanunundan Məsih İsa vasitəsilə azad etdi"
(Romalılara 8:1-2).

"İsanın çarmıxda qurbanı vasitəsilə mən lənətin altından çıxıb Allahın hər şeydə xeyir-dua verdiyi İbrahimin xeyir-duasına daxil oldum"
(Qalatiyalılara 3:13-14; Yaradılış 24:1).

"Görün Ata bizə necə məhəbbət göstərib ki, biz Allahın övladları adlanırıq!
Doğrudan da, beləyik! Dünya Onu tanımadığına görə bizi də tanımır.
Ey sevimlilər, indi biz Allahın övladlarıyıq, amma nə olacağımız hələ üzə çıxmayıb. Lakin bilirik ki, Məsih zühur edəndə biz Ona bənzəyəcəyik, çünki Onu olduğu kimi görəcəyik.
Ona bu cür ümid bağlayan hər kəs O pak olduğu kimi özünü pak edir" (1 Yəhya 3:1-3).

"Biz Allahın bizə olan məhəbbətini anlayıb buna inandıq. Allah məhəbbətdir.
Kim məhəbbətdə qalarsa, Allahda qalar, Allah da onda qalar"
(1 Yəhya 4:16).

Allahın Kəlamını bəyan edin

"Rəbb İsa Məsihin adı ilə və Allahımızın Ruhu ilə yuyulub təmizləndik, təqdis olunduq və saleh sayıldıq"
(1 Korinflilərə 6:11).

"Sülh qaynağı olan Allah – qoyunların böyük Çobanı olan Rəbbimiz İsanı əbədi Əhdin qanı ilə ölülər arasından dirildən Allah 21 sizi hər cür yaxşı şeylə təmin etsin ki, İsa Məsih vasitəsilə Özünə xoş olanı bizdə icra etsin və siz Onun iradəsini həyata keçirəsiniz. İsa Məsihə əbədi izzət olsun! Amin".
(İbranilərə 21-13:20).

Şəxsi dua və bəyan ifadələri

Fəsil 24

Əqli və emosional sabitlik

"Biz yorğun, yükümüz də ağırdır. Rəbb İsa, amma biz Sənin yanına gəlirik ki, Sən bizə rahatlıq verəsən. Biz Sənin boyunduruğunu üzərimizə götürürük və Səndən öyrənirik. Çünki Sən həlim və qəlbən itaətkarsan. Bununla canımıza rahatlıq tapırıq.
Çünki Sənin boyunduruğum rahat və yükün yüngüldür»"

(Matta 11:28-30*).

"Beləcə Allahın xalqı üçün hələ də bir istirahət qalır. Allah Öz işlərini qurtarıb Şənbə günü istirahət etdiyi kimi Onun rahatlıq diyarına girən də öz işlərini qurtarıb istirahət etdi.
Buna görə də bu rahatlıq diyarına girməyə çalışırıq ki, heç kəs eyni itaətsizlik nümunəsinə əməl edib yıxılmasın"

(İbranilərə 11-4:9*).

Allahın Kəlamını bəyan edin

"Ağlımı Sənə yönəlmişəm və Sən mənə kamil sülh verirsən, çünki mən Sənə güvənirəm"
(Yeşaya 26:3*).

"Qanununu sevdiyimizə görə böyük əmin-amanlıq tapırıq, biz heç nə ilə büdrəmərik"
(Zəbur 119:165*).

"Döyüş silahlarımız cisimdən düzəldilən silahlar deyil, qalaları dağıdan ilahi qüvvəyə malik silahlardır. Allah barədə biliyə qarşı çıxan hər bir səddi yıxıb hər bir düşüncəni əsir edərək Məsihə itaət etdiririk"
(2 Korinflilərə 5-10:4).

"Allah bizə qorxaqlıq ruhu deyil, güc, məhəbbət və ağıllı-kamallı olmaq ruhu vermişdir"
(2 Timoteyə 1:7).

"Qoy ümid mənbəyi olan Allah iman edən bizləri hər cür şadlıq və sülhlə doldursun ki, Müqəddəs Ruhun qüdrəti ilə ümidlə dolub-daşaq"
(Romalılara 15:13).

Əqli və emosional sabitlik

*"Heç nəyin qayğısını çəkmirik, amma hər barədə xahişlərimizi Allaha dualarla, yalvarışlarla, şükür edə-edə bildiririk.
Onda Allahın ağlagəlməz sülhü ürəklərimizi və düşüncələrimizi Məsih İsada qoruyacaq.
Nəhayət, qardaşlar, doğru, ləyaqətli,
saleh, pak, cazibəli, etibarlı nə varsa,
əgər əla və tərifə layiq nə varsa,
bunları düşünək"*

(Filipililərə 4:6-8).

Şəxsi dua və bəyan ifadələri

Fəsil 25

Allaha xidmət

"Bizi həmişə Məsihin zəfər təntənəsində addımladan, Onu tanımaqdan yaranan ətri bizim vasitəmizlə hər tərəfə yayan Allaha şükür olsun!
Çünki biz həm xilas, həm də həlak olanlar arasında Allaha xoş olan Məsih ətriyik. Həlak olanlar üçün ölümə aparan ölüm qoxusu, xilas olanlar üçünsə həyata aparan həyat ətriyik. Belə bir iş üçün kim yararlıdır? Axı biz çoxları kimi Allah kəlamının alverçiləri deyilik; əksinə, Allah tərəfindən göndərilib Allahın huzurunda, Məsihdə olaraq səmimi qəlbdən danışırıq"   (2 Korinflilərə 17-2:14).

"Allah bizdə fəaliyyət göstərən qüdrətlə istədiyimiz yaxud düşündüyümüz hər şeydən daha artığını etməyə qadirdir"

(Efeslilərə 3:20*).

Allahın Kəlamını bəyan edin

"Allah bizə hər bir neməti bol-bol verə bilər. Belə ki hər bir şeyə həmişə, hərtərəfli, kifayət qədər sahib olmaqla hər yaxşı əməl üçün bol-bol imkanımız olsun"

(2 Korinflilərə 9:8*).

"Yenə sizə doğrusunu deyirəm: yer üzündə sizlərdən iki nəfər diləyəcəkləri hər hansı bir şey üçün razılığa gələrsə, göylərdə olan Atam onların istəklərini yerinə yetirəcək"

(Matta 18:19).

"Məhsul çoxdur, işçilərsə azdır. Buna görə də məhsulun Sahibinə yalvarırıq ki, Öz məhsulunu yığmaq üçün işçilər göndərsin»"

(Matta 9:37-38*).

"Səmavi Padşahlığın bu Müjdəsi bütün millətlərə şəhadət olmaq üçün bütün dünyada vəz ediləcək. O zaman hər şeyin axırı gələcək"

(Matta 24:14).

"Möhkəm və cəsarətli ol, bu işi gör, qorxma və ruhdan düşmə, çünki Rəbb Allah, mənim Allahım səninlədir. O, Rəbbin məbədinin bütün xidmət işi sona çatmamış səni atmaz və tərk etməz"

(1 Salnamələr 28:20).

Allaha xidmət

*"Yağış və qar necə göylərdən yağıb oraya qayıtmırsa,
ancaq torpağı sulayıb yeri məhsuldar edirsə,
əkinçiyə toxum, yeyənə çörək verirsə,
ağzımdan çıxan kəlmə də belədir:
boş yerə yanıma qayıtmaz,
ancaq istədiyimi yerinə yetirər,
onu göndərdiyim iş icra olunsun deyə həyata keçirər"*

(Yeşaya 55:10-11).

*"Biz həmişə itaət edirik; qorxu və lərzə ilə xilasımızı əməllərimizdə göstəririk. Çünki bizdə fəaliyyət göstərən Allahdır, belə ki Onun xoş məramını həm istəyək, həm də bunun üçün fəaliyyət göstərək.
Hər şeyi şikayətlənmədən, mübahisə etmədən yerinə yetiririk ki, nöqsansız və saf olaraq bu əyri və azmış nəsil arasında Allahın ləkəsiz övladları olaq. Onların arasında dünyanın nuru kimi parlayırıq. Həyat sözünü təqdim edirik"*

(Filipililərə 2:12-16*).

*"Ayıq olaq, imanda sabit duraq,
mərd və möhkəm olaq.
Qoy etdiyimiz hər bir əməl məhəbbətlə olsun"*

(1 Korinflilərə 14-16:13).

Allahın Kəlamını bəyan edin

*"Mənə fayda gətirən nə varsa, Məsih uğrunda ziyan sayıram.
Bundan əlavə, Rəbbim Məsih İsanı tanımağım ali dəyərinin yanında hər şeyi ziyan hesab edirəm. Onun uğrunda var-yoxumu atıb tullantı sayıram ki, Məsihi qazanım və Onda hesab olunum. Belə ki Qanunla gələn öz salehliyimə deyil, Məsihə imandan yaranan, imanla Allahdan gələn salehliyə malik olum. Belə ki Məsihi və Onun dirilmə qüdrətini, əzablarına şərikliyi də dərk edim və Onun ölümündə Ona bənzəyim ki, nə olursa-olsun, ölülər arasından dirilməyə nail olum.
Demirəm ki, indi bunlara malik olmuşam və yaxud kamilləşmişəm. Amma hədəfdən tutmaq üçün qaçıram. Çünki Məsih İsa məni bu məqsəd üçün tutub.
Qardaşlar, hesab etmirəm ki, bunu tutmuşam. Yalnız bir şey edirəm: arxada qalanları unudub qarşımda olana çatmaq üçün cəhd edirəm və hədəfə doğru qaçıram ki, mükafatı alım, yəni Allahın Məsih İsada yuxarıya çağırışına nail olum"*

(Filipililərə 3:7-14).

*"Amma sən, ey Allah adamı, bu şeylərdən qaç. Salehliyin, möminliyin, imanın, məhəbbətin, dözümün, həlimliyin ardınca get. İman uğrunda yaxşı mübarizə apar.
Əbədi həyatı bərk tut; bunun üçün çağırıldın və yaxşı əqidəni bir çox şahid qarşısında iqrar etdin. Hər şeyə həyat verən Allahın hüzurunda və Ponti Pilatın önündə*

Allaha xidmət

öz yaxşı əqidəsinə şəhadət edən Məsih İsanın hüzurunda sənə tapşırıram ki, Rəbbimiz İsa Məsihin zühurunadək Allahın əmrinə ləkəsiz və nöqsansız riayət et. Allah Onu Öz vaxtında zahir edəcək. O, bəxtiyarlıq mənbəyi olan tək Hökmdar, şahların Şahı və ağaların Ağasıdır. Yeganə ölməzliyə malik olan, əlçatmaz nurda yaşayan Odur. Onu insanlardan heç kəs görməyib və görə də bilməz. Ona izzət və əbədi qüdrət olsun. Amin"

(1 Timoteyə 6:11-16).

"Biz geri çəkilib həlak olanlardan deyilik; iman edib canlarının xilasına nail olanlardanıq"

(İbranilərə 39-10:38*).

*"Məsihlə birlikdə dirildiyinizə görə ucalardakı şeyləri axtarın. Orada Məsih Allahın sağında oturub. Dünyəvi şeyləri deyil, ucalardakı şeyləri düşünün. Çünki siz ölmüsünüz və həyatınız Məsihlə birlikdə Allahda saxlanılıb.
Həyatınız olan Məsih zühur edəndə siz də Onunla birgə izzətlə zühur edəcəksiniz"*

(Kolosselilərə 3:1-4).

*"Məsihlə birlikdə çarmıxa çəkildim. Artıq mən yaşamıram, Məsih məndə yaşayır.
İndi cismən yaşadığım həyata gəlincə məni sevib uğrumda Özünü fəda edən Allahın Oğluna olan imanla yaşayıram"*

(Qalatiyalılara 2:20*).

Fəsil 26

İlahi mübadilə

İsa cəzalandırıldı ki, biz bağışlana bilək[6].

İsa yaralandı ki, biz şəfa ala bilərik[7].

İsa bizim günahımızı qəbul etdi ki, biz Onun salehliyini qəbul edə bilək[8].

İsa bizim əvəzimizə öldü ki, biz Onun həyatını qəbul edə bilək[9].

İsa lənətli oldu ki, biz xeyir-dualı alaq[10].

İsa bizim kasıblığımıza dözdü ki, biz Onun bolluğunda yaşaya bilək[11].

---

6   Yeşaya 53:4-5 bax.
7   Yeşaya 53:4-5 bax.
8   Yeşaya 53:10, 2 Korinflilərə 5:21 bax.
9   İbranilərə 2:9 bax.
10 Qalatiyalılara 3:13-14 bax.
11 2 Korinflilərə 8:9, 9:8 bax.

Allahın Kəlamını bəyan edin

İsa bizim xəcalətimizi Öz üzərinə götürdü ki, biz Onun izzətini qəbul edə bilək[12].

İsa bizim yerimizdə rədd olundu ki, Ata bizi qəbul etsin[13].

İsa öləndə Allahdan ayrıldı ki, biz əbədi olaraq Allaha qovuşaq[14].

Bizim köhnə təbiətimiz Onda öldü ki, yeni təbiətimiz bizdə yaşaya bilsin[15].

---

12   Matta 27:35-36; İbranilərə 12:2, 2:9 bax.
13   Matta 27:46-51, Efeslilərə 1:56 bax.
14   Yeşaya 53:8, 1 Korinflilərə 6:17 bax.
15   Romalılara 6:6, Koloslulara 3:9-10 bax.

Fəsil 27

Qalibin bəyan ifadəsi

(Qoy satın alınmış kəslər belə desinlər)[16].

Bədənim Müqəddəs Ruhun məbədidir[17].

İsanın qanı ilə satın alınıb[18], *təmizlənib*[19] *və ilə təqdis olub*[20].

Mənim üzvlərim, bədənimin bütün hissələri salehlik alətləridir, Allaha xidmət və izzət üçün həsr olunub.[21]

İblis üçün məndə heç bir yer yoxdur, mənim üzərimdə o heç bir gücə malik deyil, mənə qarşı heç bir iddiaları da yoxdur[21].

---

16 Zəbur 107:2 bax.
17 1 Korinflilərə 6:19 bax.
18 Efeslilərə 1:7 bax.
19 1 Yəhya 1:7 bax.
20 İbranilərə 13:12 bax.
21 Romalılara 6:13 bax.

Allahın Kəlamını bəyan edin

Hər şey İsanın qanı ilə yoluna qoyulmuşdur[22].

Mən Quzunun qanı və şahidlik sözü ilə ilə İblisə üstün gəlmişəm; ölsəm belə, öz həyatımı sevmərəm[23].

Mənim bədənim Rəbb üçündür, Rəbb də mənim üçündür[24].

---

22   Romalılara 3:23-25, 8:33-34 bax.
23   Vəhy 12:11 bax.
24   1 Korinflilərə 6:13 bax.

Fəsil 28

Mən iblisə belə üstün gəlirəm

İsanın qanı bizim üçün etdiyini Kəlamdan bəyan edəndə İblisə üstün gəlirik[25].

İsanın qanı ilə mən iblisin əlindən satın alınmışam[26].

İsanın qanı vasitəsilə mənim bütün günahlarım bağışlanır[27].

İsanın qanı ilə mən bütün günahdan daima təmizlənirəm[28].

İsanın qanı ilə mən haqq qazanmışam, saleh olmuşam, sanki heç vaxt günah etməmişdim[29].

---

25   Vəhy 12:11 bax.
26   Efeslilərə 1:7 bax.
27   1 Yəhya 1:9 bax.
28   1 Yəhya 1:7 bax.
29   Romalılara 5:9 bax.

Allahın Kəlamını bəyan edin

İsanın qanı ilə mən təqdis olmuşam, müqəddəs olmuşam, Allah üçün ayrılmışam[30].

İsanın qanı ilə mən Allahın hüzuruna daxil olmağa cəsarətliyəm[31].

İsanın qanı səmalarda Allaha daima mənim haqqımda danışır[32].

---

30 İbranilərə 13:12 bax.
31 İbranilərə 10:19 bax.
32 İbranilərə 12:24 bax.

Fəsil 29

Allahın müdafiəsində əminlik

Mənə qarşı işlənən heç bir silah işə yaramayacaq. Məhkəmədə məni təqsirləndirən hər kəsi mən təqsirkar çıxaracağam. Rəbbə qulluq edən bizlərin irsi belədir. Bizim salehliyimiz Allahdan gəlir. Bunu Rəbb bəyan edir.

Mənə qarşı danışan və ya mənə qarşı dua edən, məni rədd edən və ya mənə zərər yetirməyə çalışan bir kəs varsa mən onları _____ (onları tanıyırsınızsa adlarını çəkin) bağışlayıram. Onları bağışlayandan sonra mən onlara Rəbbin adı ilə xeyir-dua verirəm[33].

İndi mən bəyan edirəm, ey Rəbb, Sən mənim yeganə Allahımsan və Səndən başqası yoxdur; Sən ədalətli Allah, Xilaskarsan. Ata, Oğul və Müqəddəs Ruh – mən Sənə ibadət edirəm! Bu gün özümü mən yenidən tam itaətkarlıqla Sənə həsr edirəm.

---

33 Yeşaya 54:17, Matta 5:43-45; Romalılara 12:14 bax.

Allahın Kəlamını bəyan edin

Özümü Sənə həsr edəndən sonra, Rəbb, Kəlamında yazılanları bəyan edirəm. Mən iblisə, onun bütün təzyiqlərinə, hücumlarına, yalanlarına və mənə qarşı istifadə etdiyi hər cür vasitə və ya qüvvəyə müqavimət göstərirəm. Mən tabe olmuram! Mən İsanın adı ilə ona müqavimət göstərirəm, onu özümdən uzaqlaşdırıram və onu yaxın buraxmıram.

Xüsusilə mən zəifliyi, infeksiyanı, ağrını, iltihabı, bədxassəli olanı, allergiyanı, virusları, _____, cadunu, gərginliyi rədd edir və dəf edirəm.

Nəhayət, Rəbb, mən Sənə təşəkkür edirəm ki, çarmıxda İsanın qurbanı sayəsində mən lənətdən İbrahimə verdiyin böyük xeyir-duaya keçmişəm: fərəh, sağlamlıq, nəsil vermə qabiliyyəti, çiçəklənmə, qələbə, Allahın himayəsi və Allah ilə dostluq. Amin[34].

---

34 Qalatiyalılara 3:13-14; Yaradılış 24:1, 2 Salnamələr 20:7 bax.

Fəsil 30

İsrailə aid bəyan ifadələri

"İsraili səpələyən onu bir yerə toplayır,
sürüsünü qoruyan çoban kimi onu qoruyur"

(Yeremya 31:10[35]).

"Siona nifrət bəsləyənlərin hamısı qoy xəcalət içində geri qovulsun!
Qoy cücərmədən solsunlar, damda bitən ot kimi olsunlar!"

(Zəbur 129:5-6).

"Ey Allah, qanlı, hiyləgər adamları qəbirə endirəcəksən"

(Zəbur 55:9).

"Salehlərin payı üstündə şər insanların dayənəyi hökm sürə bilməz, yoxsa salehlər də şərə əl atardı"

(Zəbur 125:3).

---

35 İndiki zamana işarə edir.

Allahın Kəlamını bəyan edin

"Rəbb xalqını Öz böyük ismi naminə atmayacaq, ona görə ki sizi Öz xalqı etmək Rəbbin xoşuna gəlmişdi"
(1 Şamuel 12:22).

*"Qoy bütün dünya Rəbdən qorxsun,
bütün yer üzünün əhalisi Onu şərafləndirsin.
Çünki nə söylədi, mövcud oldu, nə əmr etdi, quruldu.
Rəbb millətlərin məsləhətini puç edər, xalqların məqsədini heç edər.
Lakin Rəbbin məsləhəti əbədi olar, ürəyinin məqsədi nəsillər ötsə də, qalar.
Nə bəxtiyardır o millət ki Allahı Rəbdir, o xalq ki Rəbb onu irs olaraq seçmişdir"* (Zəbur 33:8-12).

*"Məhəbbətinlə Sənə sığınanlara xariqələrini göstər, sağ əlinlə onları düşmənlərdən qurtar.
İsraili[36] göz bəbəyin kimi qoru, qanadlarının kölgəsində saxla. İsraili dara salan şər insanlardan, ətrafımı bürüyən, canıma düşmən olanlardan"*
(Zəbur 17:7-9).

«İndi İsrail söyləsin:
Rəbb tərəfimizi saxlamasaydı, bizə qarşı insanlar qalxarkən
Rəbb tərəfimizi saxlamasaydı,
bizə qarşı qəzəblərindən yanarkən bizi diri-diri udardılar,
sular bizi yuyub-aparardı, sellər üstümüzü basardı,
azğın sular üstümüzü basardı. Alqış olsun Rəbbə!

---

36 "Mən" əvəzinə "İsrail" istifadə edilir.

İsrailə aid bəyan ifadələri

O bizi onların dişlərinə ov etmədi.
Bizi ovçunun tələsindən bir quş kimi qurtardı, tələ qırıldı,
canımız azad oldu. Bizə Rəbbin adından,
göyləri və yeri yaradandan yardım gəlir"

(Zəbur 124).

Fəsil 31

Yaxşı ilə aparan on iki addım

Allahın rahatlıq diyarına girmək imkanından məhrum olmaqdan qorxaq. İbranilərə 4:1

Çalışqan olaq. İbranilərə 4:11

Əqidəmizi möhkəm tutaq. İbranilərə 4:14

Lütfkar Allahın taxtına cəsarətlə yaxınlaşaq.
İbranilərə 4:16.

Kamilliyə doğru irəliləyək. İbranilərə 6:1.

Ən Müqəddəs yerə daxil olaq. İbranilərə 22 ,10:19.

Əqidədən möhkəm tutaq. İbranilərə 10:23.

Bir-birimizi fikirləşək. İbranilərə 10:24

Allahın Kəlamını bəyan edin

Qarşımızdakı yarışda dözümlə qaçaq.   İbranilərə 12:1.

Minnətdar olaq.   İbranilərə 12:28.

Düşərgənin kənarına çıxaq.   İbranilərə 13:13.

Həmişə Allaha həmd qurbanını təqdim edək.
İbranilərə 13:15.

"Allahın rahatlıq diyarına girmək vədi hələ də qüvvədə olarkən hər birinizin bundan məhrum olmasından qorxaq"
(İbranilərə 4:1).

"Bu rahatlıq diyarına girməyə çalışaq ki, heç kəs eyni itaətsizlik nümunəsinə əməl edib yıxılmasın"
(İbranilərə 4:11).

"Allahın Oğlu İsa göylərdən keçən böyük Baş Kahinimiz olduğuna görə əqidəmizi möhkəm tutaq"
(İbranilərə 4:14).

"Lütfkar Allahın taxtına cəsarətlə yaxınlaşaq ki, vaxtında köməyə nail olmaq üçün mərhəmət alıb lütf tapaq"
(İbranilərə 4:16)

"Məsih barəsindəki ibtidai təlimi geridə buraxıb kamilliyə doğru irəliləyək. Ölüm gətirən əməllərdən tövbə edib Allaha iman etmənin təməlini"
(İbranilərə 6:1).

Yaxşı ilə aparan on iki addım

"İsanın qanı sayəsində Ən Müqəddəs yerə daxil olmağa cəsarətimiz çatır. Ürəklərimiz pis vicdandan paklanmış, bədənlərimiz də təmiz su ilə yuyulmuş halda imanın tam etimadı ilə, səmimi qəlblə Allaha yaxınlaşaq"
(İbranilərə 10:19, 22).

"Ümid verən əqidədən möhkəm tutaq, çünki vəd verən Allah sadiqdir"   (İbranilərə 10:23).

"Bir-birimizi məhəbbətə və xeyirxah əməllər etmək üçün necə həvəsləndirmək haqqında fikirləşək"
(İbranilərə 10:24).

"Bu qədər böyük şahidlər buludu ilə əhatə olunduğumuz üçün biz hər bir yükü və bizi asanlıqla çaşdıran günahı tərk edib qarşımızdakı yarışda dözümlə qaçaq"
(İbranilərə 12:1).

"Sarsılmaz Padşahlığa nail olduğumuz üçün minnətdar olaq; belə ki möminlik və ehtiramla Allaha məqbul tərzdə Ona ibadət edək"
(İbranilərə 12:28).

"İsa da Öz qanı ilə xalqı təqdis etmək üçün şəhər darvazasının kənarında əzab çəkdi. Buna görə Onun gördüyü təhqiri daşıyaraq düşərgənin kənarına çıxıb Onun yanına gedək"
(İbranilərə 13:12-13).

Allahın Kəlamını bəyan edin

"Onda İsa vasitəsilə həmişə Allaha həmd qurbanını, yəni Onun adını iqrar edənlərin dilinin bəhrəsi olan sözləri təqdim edək"

(İbranilərə 13:15).

Müəllif haqqında

Derek Prins (1915-2003) Hindistanda britaniyalı ailədə doğuldu. O, İngiltərədə Eton Kollecində və Kembricin King's Kollecində yunan və latın dilləri üzrə təhsil alıb alim oldu; King's Kollecində Qədim və Müasir Fəlsəfə üzrə dərnəyə rəhbərlik edirdi. Prins Kembricdə və Yerusəlimdə İbrani Universitetində İbrani, Arami, həmçinin müasir dilləri öyrənib. Tələbə ikən o, filosof olub və özünü aqnostik elan edib.

II Dünya müharibəsi ərzində Britaniya Tibb Korporasiyalarında olarkən Prins fəlsəfi iş kimi Müqəddəs Kitabı oxumağa başladı. İsa Məsihlə möhtəşəm görüşü nəticəsində imana gəldi, bir neçə gün sonra Müqəddəs Ruhla vəftiz olundu. Bu görüşdən o, iki nəticə çıxartdı: İsa Məsih sağdır və Müqəddəs Kitab həqiqi, bizə aid müasir kitabdır. Bu nəticələr onun həyatının gedişini tam dəyişdi. O, sonrakı həyatını Allahın Kəlamı olan Müqəddəs Kitabı öyrənməyə və öyrətməyə həsr etdi.

1945-ci ildə Yerusəlimdə ordudan tərxis olunandan sonra o, oradakı uşaq evinin banisi olan Lidiya Kristenslə evləndi. Evlənən kimi o, Lidiyanın övladlığa götürdüyü altı Yəhudi, bir Fələstin ərəbi və bir ingilis uşaqlarının – səkkiz qızın atası oldu. Birlikdə ikən, ailə 1948-ci ildə İsrail dövlətinin bərpa olunmasına şahid oldular. 1950-ci illərin sonunda Prins Keniyada pedaqoji məktəbin rəhbəri vəzifəsində xidmət edərkən ailə daha bir qızı övladlığa götürdü.

1963-cü ildə Prins Birləşmiş Ştatlara köçdü və Sietlda bir kilsədə pastorluq etdi. 1973-cü ildə Prins "Amerika Vəsatətçilə-

Allahın Kəlamını bəyan edin

ri"nin banilərindən biri oldu. Onun *"Dua və oruc vasitəsilə tarixi dəyişmək"* kitabı bütün dünya məsihçilərini öz hökumətləri üçün dua etmək məsuliyyətinə oyatmışdır. Bir çoxları bu kitabın gizli tərcümələrini SSRİ-də, Şərqi Almaniyada və Çexoslovakiyada kommunist rejimini dağıdan alət hesab edir.

Lidiya Prins 1975-ci ildə vəfat etdi, 1978-ci ildə Prins üç uşağı övladlığa götürmüş tənha ana Ruz Beykerlə evləndi. Birinci həyat yoldaşı kimi, ikinci həyat yoldaşı ilə də o, Yerusəlimdə Rəbbə xidmət edərkən görüşdü. Ruz 1981-ci ildən yaşadıqları Yerusəlim şəhərində 1998-ci ilin dekabr ayında vəfat etdi.

2003-cü ildə səksən səkkiz yaşında vəfat etməzdən bir neçə il əvvəl Prins Allahın ona etibar etdiyi xidməti inadla davam edərək dünyaya səyahət etdi, Allahın açıqladığı həqiqətlərlə bölüşdü, xəstə və əzab çəkənlər üçün dua etdi, Müqəddəs Kitaba əsaslanan peyğəmbərliklərlə dünyada baş verən hadisələrlə bölüşdü. Beynəlxalq səviyyədə Müqəddəs Kitab alimi, ruhani patriarx kimi tanınan Derek altmış ildən çox altı qitəni əhatə edən təlim xidmətini qurdu. O, əllidən çox kitabın, altı yüz audio dərsliyin və yüz video dərsliyin müəllifidir; bunların çoxu yüzdən çox dilə tərcümə olunaraq nəşr edilmişdir. O, nəsilliklə lənət, Müqəddəs Kitabda İsrailin əhəmiyyəti və demonologiya kimi belə innovasiya mövzularının tədrisində aparıcılıq edib.

1979-cu ildə başlamış Prinsin radio verilişi təxminən iyirmi dilə tərcümə edilmişdir və həyatlara toxunmağa davam edir. Aydın və sadə yolla Müqəddəs Kitabı və onun təlimlərini izah etməkdən ibarət olan Derekin əsas ənamı milyonlarla insanlara iman təməlini qurmağa kömək etmişdir. Məzhəb və təriqətdən üstün olan yanaşması onun təlimini bütün irq və dindən olan adamlar üçün həm münasib, həm də faydalı etmişdir; yer kürəsi əhalisinin yarısından çoxu onun təlimi ilə tanışdır.

O, 2002-ci ildə dedi: «Arzu edirəm və əminəm, Rəbb də bunu arzu edir, bu Xidmət, Allahın altmış il əvvəl mənim vasitəmlə başladığı iş İsanın qayıdacağı günə qədər davam etsin».

Derek Prins Xidməti əsasən Avstraliya, Kanada, Çin, Fransa, Almaniya, Niderland, Yeni Zelandiya, Norveç, Rusiya, Cənubi

Müəllif haqqında

Afrika, İsveçrə, Birləşmiş Padşahlıq və Birləşmiş Ştatlar kimi ölkələrdə və ümumiyyətlə, dünyada fəaliyyət göstərən qırx beşdən çox Derek Prins ofisi vasitəsilə Prinsin təlimlərini yaymağa, missionerləri, imanlı cəmiyyət liderlərini və cəmiyyətləri öyrətməyə davam edir. Bu və beynəlxalq ofislər barədə məlumatı www.derekprince.com saytında əldə edə bilərsiniz.

www.ingramcontent.com/pod-product-compliance
Lightning Source LLC
Chambersburg PA
CBHW071513040426
42444CB00008B/1629